「困った生徒」の物語

磯村元信 編
isomura motonobu

リアルな教育現場をのぞく

新評論

はじめに

あるときから、いびつに歪んだフラスコが脳裏に焼き付いて離れなくなった。フラスコの、首の部分はさらに細く長く伸び、底の部分のふくらみが横へ横へと広がっていく。そして、底のガラスがひび割れて、中身が漏れ出している。このフラスコ、二極化する現在の日本社会や教育界を象徴する姿かもしれない。

社会経済でいえば、富裕層はより豊かになり、貧困層はさらに生活が苦しくなるという状況である。かつて存在していた「中流」という層がどちらに入るのかは、日常を見ていれば分かるだろう。高度成長期にはきれいな正三角形を示していた社会構造が、歪な形のフラスコになってしまっている。

もちろん、教育界においても同じである。富裕層をはじめとした多くの人たちが、お金に糸目を付けず、家庭教師や塾に我が子の未来を託し、上へ上へと上級学校への進学を夢見ている。

一方、深刻な課題を抱えた子どもたちは、フラスコの底で自己肯定感をもてずに悶々とした日々を送っている。不登校、発達障がい、愛着障がい、貧困、虐待、このような「困った子どもたち」が増加の一途をたどっている。

まちがいなく言えるのは、「困った子どもたち」が「一番困っている」という事実である。そして、「困った子どもたち」とかかわる保護者や教員、さらに外部支援者の大人たちもほとほと困っている。行政の関係者は、「誰一人として取り残されない学びの保障」といき込んで、各自治体に「予算を付けてサポートする」と勢いがいい。それで、本当に学びは保障されるのだろうか？　この言葉の意味を本当に分かって発しているのだろうか？

　いびつに歪んだフラスコを見て、「なるほど！」と思われた方は、勇気を出して本書のページをめくって「困った生徒」の集まる学校をのぞいて欲しい。そして、「誰一人として取り残されない学びの保障」という言葉の重さや困難さを一緒に考えていただきたい。

「それは自業自得、自己責任であり、私には関係ないこと」と思われる方がいたら、ぜひ本書を読んで、「本当にそうなのか」と今一度考えていただきたい。とくに、教育に関するさまざまな問題は、やがて日本社会全体を大きく揺り動かしてしまうことになるという事実に目を向けて欲しい。

　本書では、「チーム学校」の実現を目指し、日々、真摯に「困った子どもたち」に向き合って活動している方々（教員と外部支援者）にも執筆をお願いした。彼らのリアルな日常を読むことで「現実」を知っていただければ幸いである。

もくじ

まえがき　i

プロローグ　3

コラム　不登校の現状　8

コラム　境界知能にある生徒　10

第1章

「困った生徒」の物語　19

「困った生徒」の集まる学校――「学び直し」と「不登校」の高校　19

外の力を借りる――「チーム学校」への試行錯誤　50

ルールを変える――内規に封印された適格者主義の亡霊　84

コラム　自立活動　88

コラム　高等学校の在り方　ワーキンググループ中間まとめ概要　94

第2章

ナミコ先生と「困った生徒」の物語　109

龍輝との出会い　110

傷ついた怪獣　113

籠を飛び出した怪獣　116
ドロップアウトの軌跡　119
戒めのメッセージ　126
龍輝や聖夜から教わったこと　127

第3章
マミ先生と「困った生徒」の物語　133
ヤベちゃん　135
宮川　143
ユカリ　149
卒業　150

第4章
愚禿《ぐとく》と「困った生徒」の柔道部物語　155
第一話——俺より先に死んではいけない　155
第二話——人生を変える余計なお節介　170
第三話——外れてしまった面倒見のリミッター　177

第5章 ヒロヨ先生の特別支援学校 197

タケノコと知能 198
損しちゃう話 201
手放す話 207

第6章 チーム学校――外部支援者の声 211

都立学校「自立支援チーム」派遣事業担当者から見た都立高校の課題（梶野光信） 212
ギリギリを生きる生徒たち（三好布生加《ふみか》） 230
元教員がYSWの仕事に就いて（斎藤晴子） 233
教育と福祉の間にある若者支援（井村良英） 234
外部から公立高校を見て（戸高礼司） 237
「放課後就活部」というサポート（飯田久美子） 240

エピローグ 246
あとがき 261

「困った生徒」の物語

――リアルな教育現場をのぞく

プロローグ

「結局、切るのかよ!!」

怒りが頂点に達し、目の前にいる「ぼうず」を殴り倒す寸前であった。あれほどまでに怒り、ぶちのめしたいという衝動に駆られたことはなかった――こう振り返っているのはナミコ教諭である。

「ぼうず」とは、もちろん私のことである。そして、ナミコ教諭とは、私が校長を務めていたときのベテラン女性教師である。ことの詳細は第2章においてご本人から詳しく述べてもらうが、私が日頃から「とことん生徒の面倒を見る」と教員たちに宣言していたにもかかわらず、何度も問題行動を繰り返し、手に負えなくなった「困った生徒」を「切る」、すなわち「退学させるように」とナミコ教諭に相談をもち掛けたところ、彼女の逆鱗に触れてしまったのだ。

結局、学校から排除されたこの生徒は、「受け子」などの犯罪に手を染めて、やがて少年院に送致されてしまった。私が在籍していた高校では、彼のように退学をしてから、あるいは在学中に鑑別所や少年院に送られるという生徒が少なからずいた。

もちろん、暴力などの問題行動を繰り返す生徒に対しては、「粘り強い指導を」と職員会議などで訴えてきたが、その際、「校長は暴力や犯罪を起こす生徒もとことん面倒見ろというが、我々教員が命の危険に晒されたり、精神を病んでもいいのか！」といった抗議の嵐が吹き荒れることがしばしばあった。

　このような壮絶な実態を、学校外にいる多くの人が知っているはずはない。それをふまえて、私が携わった学校（高校）を舞台にした「困った生徒」のリアルを本にまとめることにした。このように思い至ったきっかけは、宮口幸治氏が著した『ケーキの切れない非行少年たち』（新潮新書、二〇一九年）のなかで描かれている「犯罪者を納税者に」といったフレーズを読んだことにある。まずは、ベストセラーとなったこの本の一節を紹介しよう。

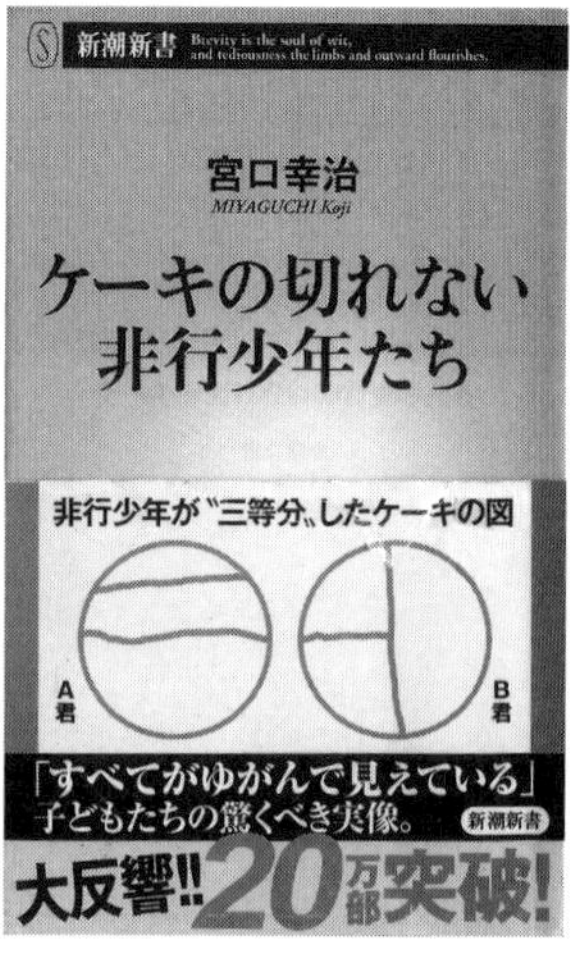

犯罪者を納税者に

　現在、刑務所にいる受刑者を一人養うのに、施設運営費や人件費を含め年間約三〇〇〇万円かかるという試算があります。しかも、彼らが「被害者を作っている」ケースも多いのです。

もしその受刑者の中の一人でも健全な納税者に変えられたなら、大きな経済効果があります。平均的な勤労者の場合、消費税なども考慮すると、大雑把に計算して一人当たり年間一〇〇万円程度は何らかの形で税金を納めていますので、一人の受刑者を納税者に変えればおよそ四〇〇万円の経済効果になります。刑事施設の収容人員は平成二九年末では五万六〇〇〇人でしたので、逆に単純計算でも年間二二四〇億円の損失です。これには被害者の損失額は入っていません。財産犯だけでも、およそ二〇〇〇億円の被害額とされています。これに殺人や傷害、性的暴行などの被害額を併せると、年間の犯罪者による被害総額は年間五〇〇〇億円を下らないはずです。いかに犯罪者を減らすことが日本の国力を上げるために重要か、お分かり頂けるかと思います。

そのためにできること、それは「困っている子ども」の早期発見と支援であると考えています。それに最も効率的に支援できるのは、子どもたちが毎日通い、かつかなりの時間を過ごしている学校以外にあり得ないでしょう。今後、新たな視点をもった学校教育が充実していくことを願ってやみません。(前掲書、一七八～一七九ページ)

「最も効率的に支援できるのは(中略)学校以外にあり得ない」

この言葉が常に私の頭の片隅にあるが、果たして今の学校教育のなかで「困っている子ども」

の早期発見と支援がどれほど行われているのか、そして新たな視点をもった学校教育がどれほど充実しているのか――私のなかでは、大きな疑問と違和感だけが残り続けている。

前著『さらば学力神話』（新評論、二〇二三年）でも紹介したことだが、私が校長として「学び直し」と「不登校」の高校で体験した出来事の多くは、「困っている子ども」、すなわち教員側から見れば「困った生徒」が主役となり、その生徒たちに日々振り回されて疲労困憊する教員たちの悪戦苦闘の物語であった。

この「困った生徒」のなかには、学校内外の暴力事件、万引き、窃盗、薬物乱用などといった犯罪行為に手を染めて、『ケーキの切れない非行少年たち』に登場する少年のように、鑑別所や少年院に送られた生徒もいる。さらに、退学した生徒のなかには、世の中を震撼させるような凶悪犯罪を引き起こした生徒もいた。前著『さらば学力神話』で私がもっとも訴えたかったのは、学校からドロップアウトしてしまうような「困った生徒」を社会や学校がしっかりと支えて、納税者にすることであった。

さらば
学力神話
ぼうず校長のシン教育改革
磯村元信
isomura motonobu
「学び直し」は
「生き直し」
目標は「しっかりとした
納税者の育成!」

このような「困った生徒」に、二〇二〇年からはじまったコロナ禍がさらに大きな影を落とすことになった。不登校、自死、いじめなどといった問題が深刻さを増し続けているのだ。その背景には、一人親や外国にルーツをもつ家庭といった、経済的にも人間関係にも恵まれない家庭を新型コロナが直撃し、子どもたちが自覚することもないまま彼らをさらに追い詰めているという現実がある。そして、「闇バイト」なる言葉に乗せられて、SNSを使った特殊詐欺や強盗などといった凶悪犯罪に手を染める若者も増えている。

コロナ禍が経済格差を広げ、それによって教育格差が広がり、皮肉なことに、日本社会はかつてないほど「学力神話」にとりつかれ、金縛り状態になっている。今後、学校教育からこぼれ落ちる子どもたちが増加の一途をたどるのではないか、そんな危機感を強く抱いている。

困難な環境のなかでもがき苦しんでいる「困った生徒」を「自己責任」というひと言でひとくくりにして、学校から、いや社会からドロップアウトさせてもいいのだろうか。その答えは言うまでもないだろう。もし、「私には関係がない」という人がいれば、社会人失格である。

本当に、誰一人として取り残されることはないのか

二〇二三（令和五）年三月、永岡桂子文部科学大臣が不登校対策である「COCOLOプラン」について声明を出した。その要旨をまとめると以下のようになる。

コラム　不登校の現状

不登校の定義は、年間の欠席日数が30日以上の児童・生徒のことである。文部科学省の問題行動・不登校調査（2022年度調査）によると、不登校の小学生は10万5,112人（前年度比2万3,614人増）、中学校は19万3,936人（同３万494人増）で、ともに10年連続で増加している。ちなみに、高校生は6万575人（同9,590人増）であった。

2017年に「教育機会確保法」（学校以外での学習を広く認める）が施行され、「無理をしてまで学校に行かせなくてもいい」という意識が広がったことに加えて、コロナ禍での一斉休校などで子どもたちの生活リズムが崩れ、急増につながったものと考えられている。

小・中・高校の不登校の児童生徒が急増し、約三〇万人（**コラム**参照）となった。その背景として、新型コロナウイルスの影響などと、その根底では、子どもたち一人ひとりの人格完成や社会的自立を目指すための、学校や学びのあり方が問われている。

- 不登校の児童生徒すべての学びの場を確保し、学びたいと思ったときに学べる環境を整える。
- 心の小さなＳＯＳを見逃さず、「チーム学校」で支援する。
- 学校風土（学校組織としての価値観や考え方）の「見える化」を通して、学校を「みんなが安心して学べる」場所にする。

これらによって、学びにアクセスできない子どもたちを「ゼロ」にして、誰一人として取り残されない学びの保障を社会全体で実現する、としている。

これを受けて、東京都教育委員会でも、二〇二三年度より高校における「校内別室指導推進事業」を立ち上げ、校内に居場所を設置するほか、支援員による学習指導や相談、教室における授業動画を配信するなどして登校を支援し、不登校および中途退学などの防止を図るとしている。

確かに、「困っている子ども」への支援を国や地方行政が本腰を入れて取り組みはじめたことや、文部科学大臣の声明のように、子ども一人ひとりの人格完成や社会的自立を目指すための、学校や学びのあり方の改善・改革には大いに期待したいところである。

しかし、現実問題として、学校現場において、すべての子どもが「学びたいと思ったときに学べる環境」をどのようにつくるのか、「チーム学校」で支援するといった体制が整っているのか、学校風土の「見える化」は進んでいるのか、といった大きな疑問が湧いてくる。

さらに、学校に通えない子どもだけにフォーカスされてしまうと、とりあえず学校に通えていても、「みんなと一緒にやれない」とか「同じことができない」といった「困り感」をもった子どもたちの存在が見落とされてしまうのではないかと心配になる。

なぜなら、学校に通えている「困り感」をもった子どもたちも、やがて不登校となり、学校からドロップアウトしてしまうという現実があるからだ。今後、誰一人として取り残されることのない学びの保障が、本当にすべての「困っている子ども」に保障されるのだろうか……そんな疑問も湧いてくる。

コラム　境界知能にある生徒

IQ70～84で、知的障がいとは判定されないが、何らかの支援が必要とされている生徒のこと。知的機能の水準は、一般的にはIQで表され、知的障がいの基準の一つに「IQ70未満」がある。５歳以上だと、知能検査（田中ビネー式やWISC検査）を行う場合が多い。この検査によって、知能指数（IQ）が平均（100）よりどのくらい低いかを４段階に分けて表している。

・IQ50～69（おおよそ９～12歳）軽度
・IQ35～49（おおよそ６～９歳）中軽度
・IQ20～34（おおよそ３～６歳）重度
・IQ20未満（おおよそ３歳未満）最重度

学校には来るが、無断で欠席、遅刻、早退を繰り返す。授業中のおしゃべりが止まらない。教員の話をまったく聞かない。校則やルールを守れない。いじめや暴力を繰り返す。万引きや非行に手を染める――何事においてもクラスメイトと一緒にできず、集団をかき乱す生徒というのが、教員から見れば一番「困った生徒」となる。

このような「困った生徒」が、進路多様校や課題集中校であればもちろん、そのほかの高校にもまちがいなくいる。そのなかには、当然「ケーキの切れない生徒」も含まれているだろう。そして、そういう生徒には、成長や発達段階において大きな偏りがあったり、脳に機能的な障がいがあったり、養育者による虐待やネグレクトなどといった生育過程における愛着障がいがあったりする場合が多い。

しかし、これらに気付かず、境界知能（**コラム**参照）

にある生徒でも、みんなと同じ普通の能力があると見なされて、反省ができない、教師の言うことを聞かない、聞けない「困った生徒」として、学校の規則やルールによって弾かれ、合理的に学校から排除されている。

高校にさまよう適格者主義の亡霊

戦後まもなく、高校進学率が五割にも満たないころの高校生の学力や能力は、一定のレベルが保たれていたであろう。義務教育学校のなかで、平均よりも学力の高い子どもが高校へ、そして大学へと進学していたという時代においては、高校生としての学力や能力をもった者だけが進学できるという「適格者主義」（二一七ページ参照）が高校の組織文化として定着していった。言うなれば、それが学校教育の「当たり前」であった。

ところが、現在では中学生の九九パーセントが高校に進学している。そして、人口減少が進む地域では定員割れという高校が増え、二〇二〇（令和二）年度からは、私学の実質授業料無償化という影響を受け、広域通信制高校などへの進学が飛躍的に伸び、東京をはじめとした人口密集地域でも、進路多様校や課題集中校では「定員割れ」となっている公立高校が増加している。

このように、「倍率」というフィルターがかからない選抜方式であれば、同じ高校生でも学力差や能力差が大きく開いてしまうというのも仕方がないだろう。

にもかかわらず、単位認定や卒業認定の成績会議や生徒の問題行動に対処する会議では、校内規程に封印された「適格者主義」の「亡霊」が突如姿を現し、高校生なのに「こんなことも分からない（できない）」、「やる気がない」、「怠惰である」、「反省できない」といった言葉で断罪され、生育上の困難や発達上の障がいなどの課題を抱えた「困った生徒」は、その「亡霊」によって合理的に姿を消すことになる。このような状態を、私は「高校における合理的排除」と呼んでいる。

『ケーキの切れない非行少年たち』のなかでは、一度「健常少年と同じ」というレッテルを貼られてしまった非行少年の、少年院における処遇が紹介されている。

少年鑑別所で一度「知的な問題はない」と判定されてしまうと、少年を指導する法務教官はそれを信じ、勝手に訂正することができないからです。「知的に問題ない」とされたら、何か問題を起こした時、健常少年と同じ厳しい処遇をされてしまいます。実際、そういった少年が何か問題を起こすと、「ずる賢い」「反抗的だ」「やる気がない」「演技している」「気を引きたいだけだ」といった、およそ非行の専門家とは思えないような発言をする法務教官もいたほどです。

そういう厳しい処遇をされても、知的なハンディを抱える少年は理解できず、暴れるなどの不適応行動を繰り返します。そのたびに、単独室で反省、出院期間の延長といった処分がなされるのですが、それで余計に暴れ、また処分されるという悪循環が繰り返されるのです。悪循環を繰り返していると今度は精神科医が呼ばれ、少年の気持ちを抑え教官の指示を聞けるようにするため、精神科薬が投与されます。効果が出なければ次第に薬の投与量も増え、少年院を出る頃には精神科薬なしではやっていけない患者になってしまうこともあるのです。

（前掲書、一一八～一一九ページ）

なぜ、学校では発達障がいが理解されないのか！　特別支援教育が浸透しないのか！

引用した文章を読むと、少年院における少年に対する教官の言動と、学校における生徒の問題行動に対応する教員の言動が見事に重なって見えてくる。たとえば、暴力事件などを起こした生徒は、「特別指導」として授業には出さず、自宅や学校の別室での個別指導となる。そして、反省文の内容や面談時の態度を見て反省状況を判断するわけだが、反省文が書けない生徒や態度の悪い生徒に対しては、『真面目にやらない』」、「態度や言葉から反省が見られない」、「与えられた課題をやろうとしない」などの理由で指導期間が長期化したり、場合によっては、特別指導が終了しないまま進路変更（退学や転学）を迫られることになる。

次のような事例もある。

発達障がいや境界知能の可能性のある生徒が、カンニング行為で特別指導になった。与えられた課題が終わらず、謹慎が一か月にも及んだある日、担当教員が謹慎になった理由を生徒に尋ねると、指導を受けることになった理由について理解できていないことが分かった。一か月にわたる指導に、いったいどのような意味があったのだろうか……。

このように、「高校生ならばこれくらいは分かる（できる）」という思い込みが高校教員の判断を曇らせている。実は、生育上の困難、精神や知能における発達上の障がいを抱えた「困った生徒」は、本人自身が一番困っているのである。自分でもどうしていいのか分からずに、ただただ混乱しているのだ。

多くの学校では、卒業にせよ、退学にせよ、ひとたび「困った生徒」が学校から姿を消してくれればそれで一件落着となり、「あとは野となれ、山となれ」となる。そのなかには、何度も言うように、「ケーキの切れない生徒」も含まれている。本来なら、そういう生徒に対してこそ支援が必要なのだ。

学校が単なる学力向上の通過点としてあるのではなく、学校での出会いがその生徒にとって人生の出発点となるような、そして、卒業しても、退学しても、時空を超えてつながり続けられる「困った生徒」と教員の絆を描いた本を書いてみたいと常々思っていた。

事実は小説よりも奇なり――イギリスの詩人バイロン（George Gordon Byron, 6th Baron Byron, 1788～1824）の言葉を借りるまでもなく、本書は、学校の風土や組織文化の壁を乗り越えながら、「困った生徒」を真正面から受け止め、とことん面倒を見ようとする教員や外部支援者たちの悪戦苦闘の物語である。フィクションでも描けないような、実際にあった出来事や事件を組み合わせて架空の「物語」として再構成したものとなっている。よって、学校名や人名などといった固有名詞はすべて仮名であり、紹介する出来事もすべてフィクションとなる。

読者のみなさんから、「マジかよ⁉」、「こんなこと書いていいのかよ⁉」、「それからどうなったの？」といった質問が飛んでくることだろうが、物語であるゆえ、それらにお答えできないことをあらかじめお断りしておく。

第1章では、暴走族に象徴される戦後の少年犯罪の荒波を乗り超えて、生徒の「困り感」に寄り添う外部支援者（専門性を有している）や特別支援教育などが学校に導入されるようになるまでの変遷を下敷きにして、物語は展開していく。

「困った生徒」に対して、どこまで面倒を見ればいいのか、学校現場の最前線で格闘する教職員の不安と苦悩を描いているわけだが、その際、前著でも紹介した「湘南の風」（私の娘に関するエピソード）をさらに詳しく紹介させていただく。

その理由は、このときの体験が本書のテーマである「とことん生徒の面倒を見る」ことの原点になっているからであり、またそれが学校現場をカオスに巻き込んでしまう一因となっているからでもある。詳しくは読んでいただければ分かると思うのでここでは省略させていただくが、当時私が陥った心理状態を表した「マインドマップ」（三七～三八ページ参照）を掲載しておくので、みなさんなりに想像していただきたい。

さらに、かつての学校では見かけることのなかったスクールカウンセラー（SC）やスクールソーシャルワーカー（SSW）、若者支援のNPOなどの外部支援者が、学校のなかにおいてチームの一員として働くことの意義や困難さも描いている。

第2章から第4章は、第1章の主人公である「困った生徒」

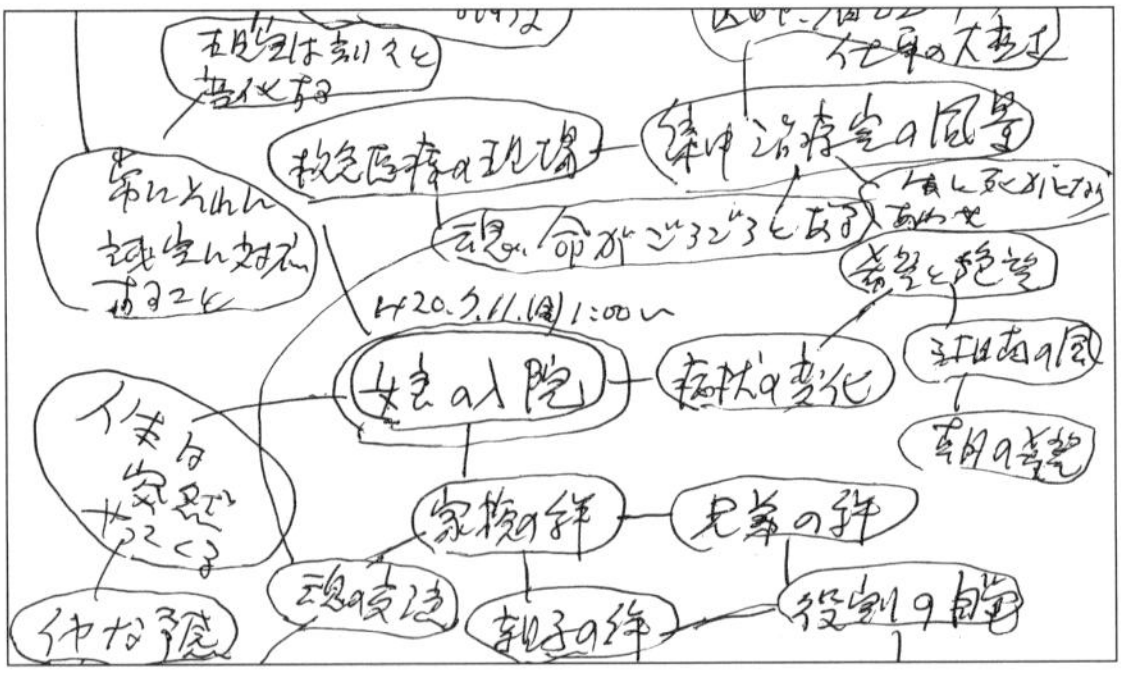

娘の病院で書いたマインドマップ[1]（一部）

にスポットを当て、その実態をさらに深堀りした物語となっている。それぞれが独立した物語となっているので、興味をもたれたところから気ままに読み進めていただきたい。

第5章は特別支援学校における教員経験に基づく物語であり、第6章では、学校のなかで「困った生徒」と真摯に向き合う外部支援者たちの生《なま》の声を紹介していくことにする。

第1章の物語に登場する教員や外部支援者が悪戦苦闘する姿と、第5章、第6章で描かれる「本音」を合わせて読んでいただければ、「困った生徒」の実像や学校現場の実態がリアルに浮かび上がってくるだろう。

とにもかくにも、「困った生徒」を排除せずに支えるためには、学校のなかに、生徒が安心できる、弱音を吐ける「居場所」が必要である。そして、その居場所を支える教員や外部支援者にとっても、安心できる、承認欲求の満たされる「居場所」でなければ組織としては成り立たない。要するに、個人の力量に頼った支援であれば、いつか破綻してしまうということである。

なぜ、**不登校が増えるのか！**　「**困った生徒**」**は、なぜ学校からドロップアウトするのか！**どの学校にも「ケーキを切れない子どもたち」と「それを知らない大人たち」がいるという教育

（1）　マインドマップとは、中央のキーワードから連想される言葉をつないで、思考を俯瞰する方法のこと。

現場の「寂しい現実」を知っていただければ幸いである。

そして、それでも諦めることなく、「とことん生徒の面倒を見よう」と孤軍奮闘している教員や外部支援者がいること、困難や逆境にもめげずに日々生き抜いている生徒たちがいることを知っていただきたい。

少々「前口上」が長くなってしまった。それでは、「困った生徒の物語」の幕を開けさせていただく。「幕が下りた」ときにみなさんがどのような表情をされているのか……それが見られないのが残念である。

第1章 「困った生徒」の物語

「困った生徒」の集まる学校――「学び直し」と「不登校」の高校

東京都の西端にある東京都立西多摩高等学校がこの物語の舞台となる。この学校は、同地域にあった熊川高校、引田農林高校、増戸商業高校が統廃合されてできた、「学び直し」と「不登校」の生徒を支援することを目的としてリニューアルされた高校である。

熊川高校は、暴走族が全盛期だった一九七七（昭和五二）年に開校された。年間の退学者は、多いときには一四〇人を超え、学年の半数が学校から姿を消すといった典型的な課題集中校であった。一方、引田農林高校と増戸商業高校は、農業や林業に関連した地場産業の衰退によって地元企業の人材を育成するというニーズがなくなったほか、就職を希望する生徒が少なくなって定員割れ状態となっていた。

東京都教育委員会は、時代のニーズを先取りする形で、この三校を統廃合して「学び直し」と「不登校」に特化した学校づくりを進めることにした。教育委員会は「学び直し」の高校を「エンカレッジスクール」、「不登校」の高校を「チャレンジスクール」と呼んで区別しているが、西多摩高校は、両方の特色を備えた「**エンチャレンジスクール**」として、困難な課題を抱えている生徒やその保護者からの大きな期待を背負っていた。

その背景として、発達障がい、精神障がい、外国ルーツ、不登校といった困難な課題を抱えた生徒の増加があり、我が子の障がいや特性を考えたとき、中学校を卒業したあとはどのような高校に進学すればよいのかという悩みを抱えている家庭にとってエンチャレンジスクールは、未来への希望を託す（藁をもすがる）進学先となっていた。

とはいえ、エンチャレンジスクールになってからというもの、教員の病気休職が異常なほど増加し、毎年多数の異動希望者が出て、数年の間にほとんどの教員が入れ替わってしまうという実状があった。「ここは高校ではない」とか「ここは高校教員の墓場である」といった声が、教員の間ではまことしやかにささやかれていたのだ。

そんな高校の新任校長である秋川愚禿《ぐとく》は、退職後は「物書きになろう」と夢見て、慣れない校長職のかたわら、学校現場で巻き起こる出来事を「校長通信」に載せて学校の内外に発信していた。これからはじまる物語は、愚禿が書いてきた「校長通信（ぼうず通信）」では掲載をためらったような秘密の出来事を、あくまでもフィクションとしてまとめたものである。嘘のような、本当のような、不思議な物語をはじめることにする。

ブラックハイスクール

二〇〇三（平成一五）年四月一日、愚禿《ぐとく》は西多摩にある「西阿伎留《にしあきる》」という小さな駅の改札口を出た。階段を使わずにホームから直接改札口に出られるという駅は、東京では珍しくなっている。トウモロコシ畑の農道を二〇分ほど歩くと、公園の向こう側にブレハブの校舎が見えてきた。西多摩高校は大規模改修工事の真っただ中であった。

着任早々知らされたのが、工事を請け負った会社が倒産して、改修工事が中断しているという事実であった。このままだと、夏休みに予定している、プレハブ教室から改修後の校舎への引っ越しができない。いきなり難題が待っていたわけだが、それ

秋川愚禿《ぐとく》

は、これからはじまる奇天烈な物語のプロローグでしかなかった。

学校の状況がまったく見えないまま新学期がはじまろうとしていたが、誰も新任校長を訪ねてこない。たまに校長室に来るのは、定年間近の教頭だけであった。

愚禿《ぐとく》は、若いころに運動をやりすぎたため変形性股関節症を患っており、歩行がままならない。それを気遣ったのか、教頭が中古の自転車を譲ってくれた。優しい教頭は小説を書くのが趣味で、生徒が問題を起こしたときに反省を促すための道徳的な物語を創作しては、それを生徒に読ませていた。その物語に登場する人物が身近な教員をモデルにしていることがあからさまであったため、教員からの苦情が絶えなかった。

愚禿は、自分と同じく小説家を夢見ているこの教頭を「ダザイ教頭」と呼ぶことにした。

もう一人、教頭がいた。教育委員会から昇任した、新進気鋭のオールバックのロックンローラーであり、教員になる前は新宿の歌舞伎町でバーテンダーをやっていたという経歴をもっている。このオールバックの教頭を、「ロック教頭」と呼ぶことにした。

ダザイとロック、水と油という教頭コンビが、新米校長に降りかかる厄難《やくなん》を支えてくれることになる。そして愚禿は、その後、異例とも言える一〇年超えの校長在任期間中、何と一四人の教頭たちに支えられることになる。そのなかの何人かは、この物語にも登場してもらっている。

学校の様子がまったく分からないまま新学期がはじまった。職員会議はダザイ教頭が得意げに仕切っている。学習指導を司る「教務部」、生徒指導を司る「生徒部」、進路指導を司る「進路部」、心身の健康を司る「保健部」などの校務分掌からは型通りの報告があるのみで、誰も余計なことを言わず、質問は出ない。たまに質問が出ると、ダザイ教頭が迷惑そうに、「ご意見だけ承っておきます。はい次」とあっさり流している。

愚禿のイメージする職員会議は、教員たちが独自の教育論をぶつけ合うという「白熱した戦場」であったが、この学校の職員会議ではまったく熱量が感じられなかった。その理由が分かるまでに大した時間はかからなかった。

学校の様子を知るために、教職員との面接をはじめた。驚いたことに、面接に来る教員全員が、口をそろえて「異動したい」と訴えてきた。来年も残ってくれる教員はいるのだろうか……いったい誰がこの学校を支えるのだろうか……と不安になってきた。

しかし、外部からの評判はすこぶるよく、全国初の「学び直し」と「不登校」の高校として全国からの視察が絶えなかった。遠方の県からも、バスを連ねて教育関係者が続々と見学に押し寄せてくる。飛ぶ鳥を落とす勢いの超話題校に、どのような秘密が隠されているのだろうか……愚禿の疑念は深まるばかりであった。

「毎年異動を希望しているのに、前任の校長は異動させてくれなかった。今回は必ず異動させてください」と、涙目で訴える教員。

「ここは高校ではありません。定期考査もなく、生徒は『勉強しなくてもいい学校』だと言っています」と、嘆く教員。

「ここは二人担任制で、全員が担任をやりながら校務分掌の仕事もやっています。こんな高校はほかにありません」と、愚痴る教員。

「毎年、病気休職者が何人も出ています。ブラック企業よりも劣悪な環境です。こんな学校に長くいたいと思う教員はいません」と、怒り心頭の教員。

そんな教員ばかりであった。確かに、教育委員会が学校に与えた「学び直し」と「不登校」というコンセプトを具現化するための「小中学校に遡った学び直しの授業」、「定期考査なし」、「二人担任」、「不登校の生徒へのケア」などといった、これまでの高校ではありえない特色が教員をとことん苦しめていた。

内部にいる教員全員が異動を希望している学校でありながら、「学び直し」や「不登校」の評判は高く、全国から視察が絶えない。このギャップの理由は何であろうか。職員会議でまったく意見が出ないのは、何を言っても無駄なので、黙って異動することだけを教員が考えているからなのか。一刻も早くここを抜け出して別の学校に異動したい——教員が「亡命」を考えてしまうような学校なのだろうか。

　このような疑惑を明らかにするために、愚禿《ぐとく》は過去のデータを詳しく調べてみることにした。すると、エンチャレンジスクールに変わってからの五年間で、教員の病気休職者がのべ一四名もいることが分かった。一〇年前には年間一四〇名もの生徒が退学していたが、不思議なことに、そのころに教員の病気休職者はいなかった。退学する生徒が六〇名程度に半減しているにもかかわらず、今は教員が心を病んだり、全員が異動を希望するといった事態になっている。このような現実を象徴するかのように、教員の平均在任期間は三年足らずでしかなかった。

　いったい何が原因なのか……謎は深まるばかりである。

超マイナス思考の職場

　二人の教頭に、愚禿は思わず本音をもらしてしまった。

「教育委員会や外部の評判はいいのに、校内の評判は最悪、こんな変な学校があるのか？」

　するとダザイ教頭が、ロック教頭をにらみながら愚禿の言葉を遮った。

「校長、そんなことを言っちゃだめだよ。ここにスパイがいるから……」

「スパイって誰だよ？」

　教育委員会から昇任したロック教頭をスパイ呼ばわりしている。ロック教頭がむっとしながら口を開いた。

「教育委員会でも、『この学校は何かがおかしい』と言っていたんですよ。病気休職者があまりにも多く、先生たちがみんな疲れきっている。私が教育委員会の支援主事として学校訪問に来たとき、目がうつろで、歯を磨きながら廊下を歩いている先生を見たのですが、これは『やばい』と思いました」

　ゴールデンウイーク明けに開かれた歓送迎会の席上では、異動した教員たちからのエンチャレンジスクールの特色や管理職に対する不平不満の言いたい放題となり、大いに盛り上がった。

「みなさん。こんな学校から早く異動しましょう。待っています。外は天国ですよ」

「学び直しの高校って何ですか?!　高校じゃないですよね。私は高校生に教えたくて教員になったんです。異動して、やっと高校の授業ができるようになりました。こんなおかしな学校に長くいると、高校で授業ができなくなりますよ」

「この学校で病気にならないようにしましょう。次の学校に行けば楽ができます」

「学校は、先生が元気でないとダメです。異動してそれがよく分かりました」

　徐々にお酒が回ってくると、うっぷんばらしの矛先が管理職に向けられた。

「歓送迎会なのに、校長と同じテーブルが嫌で帰った先生がいます」

「昼休み、疲れて机で寝ていたら教頭に起こされました。これは強制労働じゃないのか！」

「教員は休みなく授業や休職者の自習監督をやっているのに、教頭は職員室で昼飯の味噌汁をつくっている。管理職だけ暇なのか！」

「勤務時間に小説を書くのはいいんですか？」

「生徒に読ませる道徳の冊子に、我々を登場させるのはやめてください」

「流しに痰《たん》を吐くのはやめてください」

いったい、ここはどんな高校なんだ。言いたい放題の文句と酒が入り混じり、愚禿《ぐとく》の目の前はグルグルと回り出していた。


自分の職場に愛着や誇りをもてないというのは、危機的状況と言わざるを得ない。教員の疲弊感を象徴するように、教室や廊下にはゴミが散乱しており、生徒の問題行動も絶えない。ダザイ教頭と一緒に大きなゴミ袋を持って校内を巡回すると、すぐにゴミ袋が満杯になった。

毎日、何回もゴミ拾いに行くことになったので、ダザイ教頭がゴミ拾い用のマジックハンドや、床の埃を取るクイックルワイパーを準備してくれた。ちなみに、これが毎日の日課となり、やがてお掃除校長「ルンバ」が誕生することになる。

歓送迎会では学校や管理職への不平不満が乱れ飛んで盛り上がったわけだが、職員会議では相変わらずまったく意見が出ない。教員は、口を貝の殻のように閉じたまま様子をうかがっている。そこで、有志を募って学校の課題や疲弊感の根源を洗い出し、それを改善するための「将来構想委員会」を立ち上げようとしたが、いつまで待っても、誰一人として有志は現れなかった。そして、職場では、次のような陰口がささやかれていた。

「委員会を立ち上げればまた忙しくなる。議論する時間も無駄だ」

「我々は疲れきっている。会議をやっている暇はない」

「校長はさらに仕事を増やそうとしている。さらに病気休職者が出るだろう」

鉛のように重苦しいマイナス思考の空気が学校全体を覆っていた。

性悪説仕様の施設

多くの場合、学校の教室配置はフロアごとに学年が分かれている。たとえば、一年生が四階、二年生が三階、三年生が二階などとなっているわけだが、この学校の校舎は特殊で、学年ごとに別の棟に分かれている。各学年の教室は各棟の三階と四階に配置されているが、別棟に移動するための通路がない。開校当初から他学年の棟に入ることが禁止されており、それを徹底するための構造となっていた。

異なる学年の授業をもっている教員は、別棟に移るためにわざわざ二階まで下りる必要があった。生徒の「荒れ」が社会問題になった時代に建てられた校舎は、教育的な効果というよりは、余計なトラブルを防ぐための性悪説に基づいた生徒管理が最優先事項となっていた。これは、少年院や刑務所とまったく同じ発想である。

このときに行われていた大規模改修工事は、別棟へ移動するための通路を三階と四階に設けること、そしてバリアフリーのエレベーター設置が目的となっていた。現在では当たり前となっていることだが、暴走族が跋扈《ばっこ》していた開校当時の学校管理の考え方であれば、通路やエレベーターの設置は生徒の身勝手な行動を助長し、暴力やいじめの温床となるため、「不要」と言われても不思議はない。

もう一つ、この学校には生徒管理のためとしか思えない校舎の特色があった。それは、教室の窓の外にベランダのような通路があることだ。生徒はその通路への立ち入りが禁止されており、教員だけが行き来できるようになっていた。何事か問題が起きれば、教員がクラスの様子を見ながら素早く移動する。教室の窓の外を、監視用ドローンが行ったり来たりしているようなイメージである。

しかし、この通路がいつもゴミであふれていた。生徒が食べた弁当やお菓子の残りカス、ジュースの空き缶や牛乳パックが散乱していた。まだまだある。タバコの空箱や吸い殻も落ちており、退廃的な空気が漂うスラム街の裏路地と化していた。

前述したように、愚禿《ぐとく》はダザイ教頭とともに大きなゴミ袋を持って、この外通路を行ったり来たりするというのが日課になった。

授業中、突然、校長と教頭が窓の外に現れて、ゴミを拾いながら通りすぎていく。初めは生徒も教員もびっくりしていたが、慣れというのは恐ろしいものである。次第に日常の光景としてなじんできたようで、授業中なのに手を振って面白がるという生徒も出てきた。このころから、「ルンバが来た」とか「ルンバを見た」といった噂が生徒の間で広まり出した。

「お掃除ルンバ」

休み時間になると、校長と教頭が満載のゴミ袋を引きずりながら廊下を歩き回る。行き交う生徒や教員が、そのゴミ袋をチラチラと見ながら通りすぎていく。疲弊感の漂う学校のゴミはそう簡単には減らない。荒れた状態をそのまま放置すれば、ますますひどくなる。教室や校舎の物理的な荒廃は、生徒の「荒れ」に直結してしまう。

愚禿は、ニューヨーク市警が犯罪撲滅に成果を上げた「破れ窓の理論」を根拠にして清掃指導の徹底を呼び掛けたが、疲弊感の臨界点を超えた職場には、掃除や学校改善にこだわる余力や気力が残っていなかった。事実、遅刻者の多い朝の校門指導は、愚禿と近所に住んでいたＰＴＡ会長の二人だけで、教員は誰もいなかった。

校門で愚禿が「走れメロス」と大声で檄を飛ばすが、走る生徒はいない。救世主となるはずの「将来構想委員会」もいまだ立ち上がらず、四方八方をゴミと疲弊感の障壁に囲まれて立ち往生している愚禿が、ある日突然、学校から姿を消した。

湘南の風

愚禿は、何一つ学校の改善につながるような成果が見られないことに焦りを感じながら一学期の終盤を迎えようとしていた。その日、夕方から学校で同窓会の会合が開かれていた。夜八時を過ぎたころに愚禿の携帯電話に着信が入った。妻からのもので、専門学校に通っている娘（愛）と連絡が取れないという内容だった。

普段ならばとっくに帰宅している時間なのに、何度電話しても携帯電話のコールが鳴り続けるだけであった。嫌な予感を振り切るように、その場をダザイ教頭に任せて、急いで自宅の最寄り駅へと向かった。

最寄り駅の事務室で、娘が通う専門学校のある吉祥寺から八王子までの沿線で若い女性の事故や事件が起きていないかと確認してもらったが、それらしい情報は得られなかった。これまでも、連絡もなく遅く帰ることが何度かあったが、こちらから連絡を入れて連絡が返ってこないということはなかった。午前〇時を回っても、携帯電話はつながらなかった。携帯電話で呼び出す動作を繰り返す愚禿《ぐとく》と妻の不安がピークに達したころ、一瞬だけ電話がつながった。

「もしもし、愛か……」

「もしもし……」

「どこにいるの。大丈夫？　何か言って……」

「……」

「大丈夫？　どこ、どこなの？」

「……あああー」

うめき声のあとに、男性の声が聞こえてきた。

「もしもし、こちらは大船駅の待合室です。私は駅員です。ご家族の方ですか？」

「はい、そうです。娘は大丈夫ですか？」

「意識を失っているので、これから救急車で病院に搬送します」

「どちらの病院ですか？」

「救急指定の湘南病院になると思います。そちらに向かってください」

娘の居場所は分かったが、すでに夜中の一時を回っていた。妻と一緒に、愚禿はすぐさま車で湘南病院へと向かった。

午前三時、病院に到着すると同時に救急センターへと向かった。病院のベッドの上にいる娘と再会したものの、目もうつろで意識朦朧のまま起き上がろうとする様子から「ただ事ではない」と直感した。その後、主治医から「致死率の高いウイルス性の脳炎である」と告げられると、妻は腰が抜けたようにしゃがみ込み、愚禿は全身から血の気が引いていくのを感じた。

これまで大きな病気をしたことのない娘であったが、病状は日に日に悪化し、次第に全身痙攣《けいれん》の頻度が増していった。全身痙攣が続くと酸素濃度が落ち、それが長引くと命も危険な状態となる。そのため、愚禿と妻は病院に泊まり込み、交代で集中治療室にいる娘の看病をするという生活がはじまった。

一学期末にある成績会議だけでなく、終業式にも新米校長が不在という状態で夏休みを迎えることになってしまった。毎朝、病院から学校のダザイ教頭に対して、「学校に変わりはありませんか？　いつ戻れるか分かりませんが、よろしくお願いします」と携帯電話でお願いするばかりという「ふがいなさ」や「後ろめたさ」を感じてしまった。

しかし、娘の病状が悪化して人工呼吸器を装着するような状態になると、学校のことなど一切頭から抜け落ちて、何としても我が子を救いたい、生きて家に連れて帰りたい――このような、なりふり構わない親心だけが脳裏を駆けめぐっていた。

そのような状況のなかでも、毎日必ず、夕方になるとダザイ教頭から愚禿《ぐとく》に連絡が入った。

「今日も何もなかったよ。俺に任せておけば大丈夫だから。心配することは何もない」

ダザイ教頭のそっけない栃木弁を聞くたびに、学校のことで心配をかけまいとする優しい気遣いが痛いほど伝わってきた。

実際、生徒の問題行動が多発するこの学校において、不思議とこの期間だけは何事も起こらなかった。その後の一〇数年という在任期間を振り返っても、これは「奇跡」としか言いようのないことであった。そして愚禿は、校長がいなくても学校は何事もなく回る、ということを自覚した。つまり、新米校長の力み《かい》や気負いがどこかに飛んでしまったということである。


娘が運ばれた救急病院は、「二四時間オープン」を理念とする病院であった。これは、今までの病院にはない「患者ファースト」という理念を示すものであった。その理念と体制を維持するために、若い医師がチームを編成して患者に対応していた。

病院での生活が長引くなか、次第に周囲が見えてくると、その環境が愚禿のいる学校の状況に重なるように感じはじめた。

「学び直し」と「不登校」の学校、「二四時間オープン」の病院、その役割は異なるものの、「生徒第一」、「患者第一」という理念を支えているのが、何とも頼りがいのない若者たちなのだ。

見るからに経験が浅く、自信のなさそうな医師が悪化する病状や治療法を説明する際、「マニュアルではこうなっています」と言っていたが、その言葉に、愚禿は不安よりも腹立たしさを感じてしまった。また、人工呼吸器を装着するときには、「一度装着すると、ご家族が希望しても法的には外せません」と額面どおりに言われ、不安と怒りが増すばかりであった。

どのように説明されても病状と治療法は変わらないだろう。しかし、説明の仕方によっては納得できない場合がある。それは、ちょうど、生徒の問題行動で進路変更（転学や退学）を迫られた保護者の心情に重なるように感じられた。

さらに娘の病状が悪化して、全身痙攣《けいれん》が頻発するようになると、看護師を呼び出すためのブザーを押す回数が増え、到着が少しでも遅いといら立ちを覚えるようになった。また、看護師が行う点滴の巧拙《こうせつ》さも気になるようになった。さらには、空き時間にパソコンに向かってデータ入力をしている看護師の姿を見て、「そんな時間があるなら、なぜもっと患者を診ないのか」という不信感まで抱くようになった。

愚禿にとってこの状態は、まさに教員の資質・能力の問題や文書に追い回される多忙さのなかで生徒に接する時間が奪われ、生徒や保護者のトラブルが頻発するという教育現場の「影」を彷彿させる光景であった。

ところが、娘の全身痙攣《けいれん》で寝る間もなく疲れ果てている愚禿《ぐとく》夫婦に、看護師が自分たちの休憩室を仮眠用に使わせてくれるようになった。さらに、「（娘よりも）重症の患者が来るまでは、ここを使ってください」と、ナース室の隣にある補助ベッド付の特別室を無料で手配してくれた。そして、若い主治医のカワシマ先生は、「**ご自宅は遠方ですが、全力を尽くしてやりますから、このまま転院しないで、最後まで自分に診させてください**」と決意を語ってくれた。

しばらくして、娘の意識が戻ってからは、毎日、カワシマ先生や看護師が診療時間外にも娘の話し相手になってくれた。

このように、病院のスタッフが明るく親身になって面倒を見てくれ、みんなが温かく応援してくれたからこそ、最後まで希望を失わなかったのではないだろうか――愚禿のなかに、そのような感謝の気持ちが込み上げてきた。と同時に、制度や規則にとらわれず、なぜこうした温かい心遣いがこの病院ではできるのか、といった疑問が沸き上がってきた。

その答えは、この病院グループの理念である「患者さんのために」が全職員に浸透しているからであろう。今の社会は、制度や規則、そして効率やスピードが最優先されており、何か一番大切なもの、つまり「何のために（理念）」ということを忘れてしまっているのではないだろうか。

愚禿は、娘の点滴の小さな雫を見つめながら、そう自問した。

制度や規則の遵守《じゅんしゅ》はもちろん大切だが、それだけで人は救われない。とくに、きわめて個人的な対応を求められる病院や学校などにおいては、それぞれに異なる実態があるだけでなく、多様で困難な問題を抱えた人びとが集まってくる。そのような現場では、血の通った、柔軟な制度運用がされなければ、患者、生徒、職員、そして家族も救われない。その運用にあたって一番大切なものは、病院であれば「患者第一」、学校であれば「生徒第一」が理念となるのではないか、愚禿はノートの余白に書いたマインドマップ（一六ページ参照）にそう書き加えた。

こうして、長らく病院で寝泊まりするうちに、次々と運び込まれてくる重症患者に対して不眠不休で対応している医師、頻繁にある患者からのコールに、休む間もなく、しかも笑顔でこたえている看護師の姿を見ていると、これ以上、最前線にいる現場の人に何が求められるのか……と、愚禿の心は変化していった。

今いる学校も同じかもしれない。頻発する生徒のトラブルや保護者の苦情に休みなく対応している最前線の教職員に、これ以上何を求めるのか……。

そのような心の変化が理由かもしれないが、日替わりで宿直する看護師とも、気心が知れるほど安心感がもてるようになった。また、若い医師が廊下や病室で行っているミーティングの様子を見ているうちに、どういうわけか「頼もしく」感じられるようになってきた。医療現場における壮絶な格闘シーンを毎日のように見れば、最前線で身体を張っている医師や看護師をもっと信頼し、家族も一緒になって病気と向き合う必要がある。これまで感じることのなかった連帯感や一体感を、愚禿《ぐとく》は強く感じるようになっていた。

校長が不在の学校では、今この瞬間も体を張って「困った生徒」と向き合っている教職員がいる。そんな光景を思い浮かべながら、愚禿はノートに書き殴ったマインドマップの言葉を追いながら自問自答を繰り返していた。

いかに崇高な理念や厳格な規則があっても、すべてのことが、運用する人と人とのかかわりのなかで良くも悪くもなっていく。それが現場における現実ではないのか。学校現場の最前線で身体を張っている教職員を信頼し、保護者や地域の外部支援者など学校を取り巻くすべての人々との連帯感を強め、学校の制度や規則を血が通うように柔軟に運用する。これこそが、学校における最高責任者の使命ではないだろうか。

学校に戻ることができたら、教職員と一緒に「生徒第一」の理念のもと、「とことん生徒の面倒を見る」ことを看板に掲げ、教育現場の最前線に立ち続けよう、そんな覚悟を愚禿はもった。しかし、この覚悟が、やがて学校現場に大きな混乱と動揺を与えることになろうとは、このときは知る由もなかった。

娘が一命を取り留めて、集中治療室から個室に移ったころのある朝、病室の窓を開けると爽やかな風が吹き込んできた。その風には、ほんのわずかだが潮の香りがした。

「この病院は湘南の海に近いんだね」と、意識がまだはっきりとしない娘に説明したあと、一番周りが見えなくなっていたのは自分自身であったと愚禿は気付いた。

愚禿が神奈川県の病院から学校に戻れたのは、夏休みの半ばを過ぎたころだった。娘は、まだ病院で治療を続けていた。二学期の始業式には間に合わなかったが、専門学校への復帰を目指して、失われた記憶や脳機能の回復のためのリハビリに励んでいた。

病気で記憶をなくした娘と勉強が苦手な「困った生徒」の間には、何か見えない共通点があるのではないか、そのようなことを愚禿は考えるようになっていた。病気や障がいによって脳の認知機能に何かの影響がある場合には、勉強ができないことを、本人の努力不足や怠惰とは別の問題としてとらえる必要性を感じていた。そこで愚禿は、娘の病気やリハビリの体験が「困った生徒」の抱えている困難さと向き合ううえにおいて参考になるのではないかと思い、二学期の始業式における式辞のなかで、娘のことを生徒たちに伝えることにした。

元気とやる気が何よりも大切です

みなさん、おはようございます。今日、こうして元気なみなさんと会えることを本当にうれしく思います。全校生徒が元気に顔をそろえてくれる。この当たり前のことが大変貴重なことであり、何より大切なことであると私自身が感じているからです。

まずは、みなさんにお詫びをしなければなりません。七月の半ばから、朝、駅前や校門に立つことができなくなってしまいました。実は、私の娘が重い病気にかかり、鎌倉にある病院の集中治療室に泊まり込むことになり、長い間お休みすることになってしまったのです。先生や生徒のみなさんに大変迷惑をかけてしまい、本当にすみませんでした。まだ娘は入院中で、今日からはじまる専門学校の始業式には間に合いませんでした。

病気になった直接の原因はよく分かりませんが、脳にウイルスが入り、脳炎による全身痙《けい》攣《れん》や意識障がいを起こしてしまったようです。一時は全身痙攣がひどく、人工呼吸器をつけるほどでしたが、今は食事やトイレも自分でできるようになりました。しかし、脳炎の影響で記憶が飛んでしまい、今通っている専門学校のことをまったく思い出せないという状態でした。

そこで、学校のことを思い出すために、一学期のノートを写し直すという作業をしてみてはどうかと提案しました。とにかく、悩まずに、単純に写すという作業からはじめることにしました。すると、不思議なことに、少しずつですが記憶がつながってきたのです。

主治医は、「病気による脳のダメージがどれほどあるかは分からないが、本来、脳はその機能の一〇パーセントも使っていない。とくに、若い人は訓練によっては驚くような回復をみせることもある」と励ましてくれました。

本当に学校に復帰できるようになるのだろうか。そんな不安を抱きながらも、今はこの言葉を信じて、一学期のノート全部を写し直すことを目標にして娘は頑張っています。

よく考えてみれば、この主治医の言葉は、病気になった人にかぎったことではありません。若いみなさんが、努力次第で自分の可能性をどんどん伸ばせるということ、それが医学的にも実証されているということです。「もう一度学び直したい。勉強が分かるようになりたい」という気持ちが、どれほど切実で、本物なのかということだけです。

ちなみに、みなさんは、今日学校に来るときにどのような気持ちで登校したでしょうか？

「よし、今日から勉強や部活動を頑張ろう」

「文化祭の準備をはじめよう」

そのような前向きな気持ちで登校しましたか？

「ああ、学校がはじまってしまった。もっと遊びたかった」というような気持ちではなかったでしょうか。

昨日、病院の娘から、専門学校のクラスメイトに宛てた手紙を預かってきました。そこには、「今はまだみんなの顔を思い出せないけども、学校が楽しかったことだけは覚えている。早く学校へ行って、みんなと一緒に勉強したい」と書いてありました。

長い間病院に寝泊まりして一番感じたことは、医師が病気を治すのではないということです。医師は患者の生命力を信じ、それを手助けしているだけです。そういう意味では、学校の先生も同じです。みなさんの学びたい、自分を伸ばしたという「学びに向かう力」を信じ、それの手助けをしているだけなのです。

先生が分からないことを分かるようにしてくれる。学校に行けば勉強ができるようになる。そう思うのは、大きなまちがいです。本気で「自分を伸ばしたい」と思う。それがすべての源です。それがなければ何も身につきません。だからみなさん、一人ひとりの元気とやる気が何よりも大切なのです。それでは、元気に二学期をスタートしましょう。

「進路変更」は教育の放棄

こうして二学期がはじまった。そして、案の定、校長が戻ってくるのを待っていたかのように生徒の問題行動が頻発するようになった。言うまでもなく、生徒の問題行動に対処するための臨時職員会議が毎日のように開かれることになった。学期始めから生徒対応に追われる教員の緊張感と疲弊感は、日に日に高まる一方であった。

ある日、愚禿《ぐとく》は、特別支援教育コーディネーターの草花教諭とともに、東京都庁で開催された「コーディネーター連絡会」に参加した。この年から、高校にも特別支援教育を普及させるというねらいで、発達障がいなどで「困り感」のある生徒を外部機関につなぐためのコーディネーターを各学校が所属教員のなかから指名することになっていた。

草花教諭は特別支援学校から異動してきた体育教員で、愚禿がこれ以上の適任者はいないと推薦した人物である。会議が終わり、やれやれと都庁の食堂でお酒を呑んでいると、突然、草花教諭の携帯に着信が入った。生徒が暴れて教員に暴力を振るったという、ナミコ教諭からの電話であった。

「のんきに都庁の高いところで会議をやっている場合じゃないでしょう。事件は、下々の現場で起こってんだよ」

ナミコ教諭の怒気を込めた捨て台詞を聞いて、一気に酔いがさめる二人であった。

翌日に開かれた臨時職員会議は、緊迫した空気に包まれていた。一年生の荒巻正太郎が授業中の態度の悪さを注意されたことに逆上し、教員の胸ぐらをつかんで暴言を吐き、止めに入った教員を投げ飛ばして逃走したという。

頭に血が上った正太郎は、今度は自転車でグラウンドに入って、部活動の邪魔をしはじめた。そこでも、止めに入った教員に自転車で体当たりして怪我を負わせた。最後は、教員が三人がかりで自転車から引きずり下ろしたが、その後、校外へと逃走してしまった。

正太郎は、父親から殴る蹴るという虐待を受けて育っていた。母親に対するＤＶも激しくなってきたことから、中学生のときに母子ともども北海道から東京へ逃げてきた。中学校でもたびたび暴力事件を起こしており、地元でも有名な不良少年であった。

つい先日も、下校途中に最寄りとなる駅前でタクシーの運転手と口論になり、激高した運転手が車内にあったハンマーを持ち出したことに正太郎が逆上し、自らが持っていた傘を振り回して大乱闘となり、警察に引き取られるという事件を起こしていた。

担任からこのような生徒状況の報告があったあと、生徒部からは「教員への暴力による進路変更」という指導案が示された。


愚禿《ぐとく》は常々、「進路変更」とは不可解な学校用語だと違和感を抱いていた。それは、「自主的に退学してください」という学校側の提案であるからだ。進路変更の主体は、本人および保護者である。それを学校側が申し渡すというのは、筋が通らない。

「進路変更」とは、学校の指導放棄にほかならない。学校教育法の懲戒規定では、校長が退学処分にすることは認められているが、実際に退学処分になったという生徒はほとんどいない。多くの高校における退学者は「自主退学」である。生徒の履歴に傷をつけないための配慮というのは建前で、「厄介な生徒」や「困った生徒」を合理的に排除するために、喫煙や飲酒であっても、複数回繰り返した場合は「進路変更とする」ことなどが校内規程に位置づけられている。

担任をしている小宮教諭は新規採用二年目で、初めての担任ということもあって、自分のクラスの生徒にどのような判断が下されるのかと、固唾《かたず》をのんで議論の行方を見守っていた。

「教員への暴行は絶対に許されるものではありません。進路変更に賛成です」

「進路変更は当然です」

「議論の余地はありません。この生徒を学校に戻したら、学校の秩序は保たれません」

誰一人として、生徒を擁護する意見が出てこない。「進路変更」以外に意見はないのか……。愚禿は、「進路変更ありき」という職場の雰囲気に強い違和感を抱いた。そして、脳裏には、「全力を尽くしてやりますから、このまま転院しないで、最後まで自分に診させてください」という、娘の命を救ってくれたカワシマ先生の言葉が浮かんでいた。

誰からも意見が出なくなり、司会役のダザイ教頭が「それでは校長先生……」と校長決定を促した。昔なら、ここで採決を取って、それを校長が追認するという手順を踏んでいたわけだが、今は挙手による採決が禁止されている。愚禿は、全員が「進路変更」に賛成しているかのような重苦しい空気を引き裂くように、語気を強めて発言した。

「みなさんのご意見は謹んで受け止めさせていただきますが、今回のことだけで進路変更を迫るには無理があります。まだ指導の余地があると思うので、粘り強く指導を継続してください。よろしくお願いします」

すると、生徒部主任の牛浜教諭が顔を真っ赤にして反論した。

「よろしく、じゃないですよ。誰があんな粗暴な生徒を指導するんですか！　生徒部では、これ以上の指導はできません。やるなら校長がやってください‼」

この発言が堰を切ってしまった。反対意見のオンパレードになってしまったのだ。

「えっ、進路変更じゃないんですか⁉　原案に反対の意見は一つもないじゃないですか！」

「そんなに残したいなら、校長が勝手に指導すればいいじゃないですか！」

「みんなの総意がひっくり返されるんじゃあ、会議をやる必要はないじゃないか！」

「だから教員が疲弊《ひへい》して、たくさんの病気休職者が出るんだ。管理職の責任だ！」

続いて、教員経験が半年という新規採用の平助教諭が震えながら叫んだ。

「校長！　あんな凶暴な犯罪者を学校にいさせて、僕たち教員が殺されてもいいんですか！」

普段の職員会議ではまったく発言がないのに、このときとばかりに教員の本音が飛び出してくる。そのときだった。煮えたぎった熱湯に冷や水を浴びせるかのように、ダザイ教頭が会議の終了を宣言した。

「それでは、勤務時間も過ぎましたので会議を終了します」

一瞬の静寂のあと、「ふざけんじゃねーよ！」、「我々教員を何だと思っているんだ！」、「校長は二度と職員室に来ないでくれ！」などと口々に捨て台詞を吐きながら、教員たちは会議室を後にした。

駅前にある教育研究所

時々、愚禿《ぐとく》は教員に声をかけてＪＲ拝島駅の近くにある居酒屋「安芸」で呑み会を開いていた。その召集係を任されていたのがナミコ教諭である。校長が呼びたいという教員の机上に飲み会の招待状をそっと忍ばせるのが、召集係の役目である。そして、いつのころからか、その招待状は「赤紙」（戦争時代の召集令状）と呼ばれるようになっていた。

職員会議の夜の「安芸」には、ナミコ教諭、草花教諭、正太郎の担任である小宮教諭のほかに、数名の若手教員が呼び出されていた。愚禿は、大好きな日本酒の一升瓶を鷲掴みにして、若手教員に酒を注ぎながら話を無茶ぶりした。

「ところで、正太郎はどうなったの？」

「正太郎ですか、あれ以来学校には一度も来ていません」

「諦めないで学校に来なさいと、担任から連絡してくれたんだよな」

居酒屋「安芸」での呑み会

お知らせ

またまた、宇宙大使（注・愚禿の別名）のお告げがあり、今後もより一層の校内協力体制が必要不可欠となりました。（全く…下々の者は苦労しますよね～ふんっ！）
そして、その大いなる野望？実現のため、育て上げネットの井村さん、青峰学園（注・特別支援学校）の原先生をお招きして多種多様な方面からのアドバイスを頂きたいと思います。
校内で核になっている学年主任の先生方、各分掌主任、外部協力隊の方々、それぞれの立場で何をどう入れ込んでいけるか？ハチャメチャな検討会が必要かと思われます。
ということで、下記の予定で9月の会、お知らせです。
皆さま、体調管理、各議題の持ちより等、よろしくお願いいたします。

なお、出席の場合は事前に小森までご連絡をお願いします。いつもお店のご好意で許していただいていますが、人数が確定しません。ご連絡のほど、よろしくお願いします。

企画強制会議　夜の会（9月）

（帰宅強制会議）

9月27日（火）18：30～

場所：教育研究所　亜季

赤紙

「家庭訪問にも行きました。でも、お母さんも本人も、もうこれ以上学校に迷惑はかけられないから『やめます』と言っています」

「入学して半年も経っていないのに、もう諦めているのか。ところで、担任のあなたはどう思っているの?」

「どうしたらいいかよく分かりません」

するとナミコ教諭が口を挟んだ。

「担任が諦めたら終わりだよ。私も一緒に家庭訪問に行くから、もう一度学校に戻るように説得しましょう」

すると、ジュースを飲んでいた下戸の平助教諭が、突然、酒乱のように騒ぎ出した。

「無責任なことを言わないでください。学校に戻して、また暴れたら誰が責任を取るんですか!彼は犯罪者ですよ! 我々教員が殺されたらどうするんですか!」

それを聞いたナミコ教諭が逆ギレして怒鳴り返した。

「アホかお前。生徒を犯罪者呼ばわりするのはやめなさい。教員失格だぞ!」

すっかり酔いの回った愚禿《ぐとく》は、ナミコ教諭の言葉に我が意を得たりとばかりに、両手を交互に上げてユラユラと振りはじめた。これがはじまると、いつも場が荒れ出す。それを察知してか、進学校から異動してきた平井教諭が冷静な声で正論を述べはじめた。

「校長は最後までとことん面倒を見ろというが、本人も親も迷惑をかけるから退学すると言っているのに、何で面倒を見る必要があるんですか。高校は義務教育ではありませんからね。高校で学びたいと思う者を、しっかりと面倒見ればそれでいいんじゃないですか！」

愚禿は、思わず「そのとおり」と大きくうなずいてしまった。それを横目で見ていたナミコ教諭が、今度は愚禿に食って掛かった。

「くそぼうずが『とことん面倒を見ろ』と言ってるから、みんなが迷惑してんだろ。どっちなんだよ、この風見鶏」

呑み会の席とはいえ、校長に向かって発する言葉とは思えない。さらに、すでに酩酊している草花教諭が追い打ちをかけるように呟いた。

「校長、僕はだまされませんからね」

何を言っているのだ。ここで一緒に呑んでいることがすでに騙されているんだろう、と思いながら、完全に酩酊状態の愚禿は両手を交互に上げてユラユラと振りながら笑っていた。そして、いつものことだが、これが合図となって駅前教育研究所の研修会は終了した。

それからしばらくして、正太郎は一度も学校に姿を見せないまま、母親から退学届が提出された。

外の力を借りる——「チーム学校」への試行錯誤

学校の垣根

駅前教育研究所の呑み会の翌日は、いつも目覚めが悪い。二日酔いが原因なのかどうなのか、教員たちの罵詈雑言がアルコールと化学反応を起こし、愚禿《ぐとく》の頭の中を駆けめぐっている。愚禿の掲げた「生徒第一」という理念と「とことん生徒の面倒を見る」という看板が、早くも傾いてしまいそうだった。どこかに「困った生徒」をとことん面倒を見てくれる、頼りになる「助っ人」はいないものか。愚禿は、痛む頭を抱えながらあれこれと思いをめぐらしていた。

ちなみに、一九九五（平成七）年度より、学校における生徒、保護者、教職員の精神面のトラブルや困難をケアするために、文部科学省は全国の学校にスクールカウンセラー（SC）を配置するという制度を導入している。

現在、どの学校にも週一回程度はSCが配置されているが、当初は学校風土にこの制度がなじめず、せっかく配置されているSCを十分に活用できないという状況が続いていた。いわゆる、学校を囲む二重の垣根の存在がその理由となっていた。

一つは、「学校」という一般社会から保護・隔離された外壁が、昔から部外者の侵入を拒んできたという事実である。もう一つは、学校の内壁となる学級ごとの壁である。「学級王国」という言葉が示すように、担任が生徒を囲い込んでしまうという壁である。

担任が預かった子どもは、その担任が最後まで責任をもつ。周りからとやかく言われたくないし、周りの教員も、ほかの学級の生徒には気軽に口や手を出すことができない。よく言えば「教師の矜持《きょうじ》」ともとれるが、学校にありがちな「部外者を拒む垣根の高さ」を象徴するものである。その結果、担任の指導力のキャパシティーを超えてしまい、学級崩壊が起きたり、担任との折合いが悪く、放置される子どもが現れたりする。

こうした経緯もあり、東京都では二〇一四（平成二六）年度からSCの活用を推進するために、生徒全員を対象とした面談が行われるようになった。これに対しても現場では、そのような時間を無理につくれば学校運営がタイトになり、多忙感が増すのではないかと危惧する声が多く上がった。たとえば、忙しくて担任が面談をしていない生徒を、SCが先に面談するというのはいかがなものか、といった反対意見などである。

このように、外部支援者を活用したチーム学校づくりは、当初から学校を取り囲む高い垣根に阻まれて苦難の連続であった。

車いすのカウンセラー

　愚禿《ぐとく》の学校に配置されたのは、車いすを利用している瀬戸岡SCであった。毎週一回、校長室まで車いすで出向いてくれて、熱心に生徒の状況を報告してくれている。愚禿は頼もしい「助っ人」がいると思いつつも、その深刻な報告の内容を知れば知るほど、「困った生徒」が抱えている闇の深さを痛感することになった。

「驚きました。本当に大変な生徒が多いですね」

　これが枕詞となり、瀬戸岡SCによる深刻な話がはじまる。

「前任校では、生徒や先生からの相談がほとんどなかったのですが、この学校に来たら、朝から晩まで相談の予約でいっぱいです。そのどれもが深刻な内容なので、専門家の私でもどうしたものかと、対応に迷ってしまいます。そんな生徒を何人も抱えている担任の先生は大変ですね。先生方が病気にならないかと、本当に心配です」

　このときの瀬戸岡SCの報告を要約すると、以下のようになる。

　二年生の雨間ゆきは母子家庭で、以前から母親との折り合いが悪く、母親に新しい恋人ができて家に入り浸るようになると、頻繁に家出を繰り返すようになっていた。次第に学校の欠席が多くなり、ついに音信不通となって、母親とも連絡がつかなくなっていた。

交友関係から担任が居場所を突き止めると、風俗業者に誘われて住み込みで働いていることが分かった。そして、仲間の女子数名にも声をかけて、風俗への勧誘をしていたという事実も発覚した。その後、担任の粘り強い説得もあって、何とか学校に復帰することになり、ＳＣとの面談が再開された。


瀬戸岡ＳＣの見立てでは、ゆきは境界知能である可能性が高く、そのために適切な状況判断ができず、先の見通しの甘さから、今後もトラブルを繰り返す可能性が高いということであった。

ＳＣの見立てとおり、その後、ゆきは三年生に進級したものの妊娠してしまった。相手が誰かも分からず、母親にも知らせておらず、友人宅を転々とするようになり、再び欠席が続くようになった。そして、誰にも気付かれないまま中絶手術のタイムリミットを迎えた。今日中に妊娠中絶手術をしなければ産むしかないというギリギリの時点で、ナミコ教諭がこの事実を知った。

今日中に産婦人科病院を探さねばならない。ナミコ教諭は、授業もそっちのけで同僚の女性教諭とともに手あたり次第に産婦人科病院に電話をかけまくり、やっとのことで新宿にある病院が引き受けてくれることになった。

とりあえず診察してくれることにはなったものの、病院には母親同伴で行く必要がある。しかし、母親はこの事態を一切知らないうえに、ゆき本人が母親への連絡を拒んでいた。時間が迫ってくるなか、何とか母親に連絡を取り、学校で事情説明をするということをゆきに納得させた。

その後、母親が学校に駆けつけ、母子ともに急ぎ病院へと向かった。病院に着くまでの間にゆきと母親が話し合い、その日の夜に処置することになった。そして、術後に胎児の死亡届を提出し、火葬して遺骨を引き取っている。しかし、ゆきの生活は改善されることなく、その後も欠席が続き、結局は学校を退学することになった。

ナミコ教諭の情報によれば、このような辛い経験をしたにもかかわらず、退学したあとにゆきは妊娠、中絶を繰り返したようだ。その後、結婚して子どもを授かるが、すぐに離婚して母子家庭となり、経済的な問題から再び風俗で働くようになったという。そして、このようなゆきの育児能力に不安を抱いた母親が子どもを引き取り、自分の子どもとして育てることになったと聞く。

瀬戸岡SCは、いつもの口癖から、重い口を開いた。

「驚きました。本当に大変な生徒が多いですね。ゆきさんも、小学校のときから支援学級に入っていれば、また違った学校生活があったかもしれません。彼女のように境界知能が疑われる子どもは、自分の『困り感』や家庭の困難な状況が理解できず、通常学級にいるとその『困り感』を周りも理解できずに何度も失敗を繰り返すというケースが多いです。学校にいる『困った生徒』の多くが、知的障がいや発達障がいのグレーゾーンにいる子どもではないでしょうか。グレーゾーンであることが、問題や困難を生み出している可能性を高めているのかもしれません」
「困った生徒」を相手に、とことん親身にカウンセリングで向き合ってくれた瀬戸岡SC、六年間の勤務を終えるという最後の日、全校集会で生徒たちに伝えた言葉を愚禿《ぐとく》は忘れることができない。

これほど親身に、とことん生徒の面倒を見てくれる先生方のいる学校はほかにありません。最後まで諦めない。いつか変わってくれる。きっと変わってくれる。これらの言葉が、スクールカウンセラーとしての私を支えてくれました。

「困った生徒」の負の連鎖を、どうすれば断ち切れるのか。どうすれば学校からドロップアウトする生徒を阻止できるのか。教職員だけでは手に負えない現実を考えると、専門知識をもった、頼りになる外部の支援者を学校につなげること以外に方法はない、と愚禿には思われた。
そして、卒業にせよ、退学にせよ、「困った生徒」が一旦学校から姿を消せば、それで支援の道が途切れてしまうのではなく、学校から社会へと、時間と空間を超えてつながるような支援の仕組みがつくれないものか、と愚禿は考えるようになっていた。

時空を超えた支援

校長室のドアは、愚禿《ぐとく》の性格と同じく、いつも開け放たれている。それゆえ、廊下を通りすぎる職員の様子が手に取るように分かる。この日も、ヒロヨ教諭が何度か廊下を行ったり来たりしたあとで、「校長先生、ちょっと相談があるんですが……」と言いながら校長室に入ってきた。

ヒロヨ教諭は、特別支援学校から異動してきた家庭科の教員である。日ごろから、「困った生徒」に対する同僚教員たちの対応方法に強い違和感を抱いていた。たとえば、言うことを聞かない生徒に高圧的な態度で接したり、職員室で教員同士が生徒の悪口を言ったり嘲笑《ちょうしょう》したりする、そういう教員の姿を疎ましく感じていたのだ。

こうしたヒロヨ教諭の特別支援学校における体験については第5章でご本人から詳しく語ってもらうことにして、ここでは物語を先に進めよう。

ヒロヨ　うちの先生方は、この学校に集まってくる生徒のことを普通の高校生のように扱っていますが、まったく生徒のことを理解していないと思います。先日も、指示どおりにできない生徒に「何度同じことを言ったら分かるんだ！」と怒鳴っている先生がいましたが、言葉で伝えても理解できないという生徒がいることを分かっていません。

愚　禿　そうだな。「ちゃんとやれ」と言う先生が多いけれど、うちの生徒には、何が「ちゃんと」なのかを具体的に示さないと分からないからな。

ヒロヨ　発達障がいのある生徒は、個別に「困り感」をサポートしないとダメなんです。とくに困難を抱えた生徒の進路指導には、特別な配慮が必要です。そこで相談なんですが、実は、生徒が退学したり、卒業したりしたあとに、きちんと社会につながるようにサポートしてくれるところがあるんです。

愚　禿　本当に⁉　困った生徒を社会につなげるところがあるんだ。

ヒロヨ　そうなんです。NPO法人の「育て上げステーション」（第6章参照）というところなんですけど、引きこもりやニートの若者を就労につなげるといった活動をしているんです。

愚　禿　そんなところがあるんだ。

ヒロヨ　そこの役員である羽村さんが言っていたんですが、引きこもりになってからステーションにつなげようとしても難しいそうです。引きこもってからでは、そもそも支援をしてくれる場所があることも分からない。だから、学校にいるうちにステーションにつなげたい、と言っていました。

愚　禿　それは面白い。退学した生徒や卒業までに進路が決まらない生徒を就労につなげてくれるとありがたいね。

ヒロヨ　羽村さんもずっとそれを考えていたそうです。しかし、学校の垣根が高くて、何度チャレンジしてもうまくいかなかったみたいです。どうですか、それをうちでやってみるというのは……。ここに、羽村さんの名刺を置いておきます。

このような会話をした翌日、愚禿《ぐとく》はその名刺を見ながら立川にある「育て上げステーション」に向かった。そこは、八百屋の二階にある小さな事務所だった。初対面の羽村さんに会った瞬間、愚禿は不思議な波動がシンクロするのを感じた。そして、ここにも頼れる「助っ人」がいると確信した。

翌週、羽村さんを学校に呼んで、生徒の様子を見てもらい、「困り感」のある生徒の対応について相談した。何としても学校に足場を築きたいという羽村さんの思いは強く、学校とステーションの連携事業として、「育て上げステーション」の職員による「困った生徒」との個人面談をとりあえず無償で企画することになった。

この企画を愚禿が職員会議で説明すると、ナミコ教諭からの猛烈な反発にあってしまった。

「校内で手を焼いている生徒を部外者に押し付けるんですか！　そんなの無責任です。それから、生徒の個人情報が外部に漏れたらどうするんですか！　『育て上げステーション』なんて、いかにもうさんくさい団体と本気で連携するんですか！」

この反論がきっかけとなり、日ごろから「困った生徒」に振り回されて疲弊している教員たちが次々と反対意見を述べはじめた。

「我々担任や学年でも十分に面談はやっています。SCの全員面談もやっています。それではダメだというんですか！」

「誰が、どんな基準で『育て上げステーション』と面談する生徒を選ぶんですか！　それ自体が余計な業務になるんじゃないですか！　また、我々が忙しくなるんじゃないんですか！」

「せっかく進路変更に向けて話が進んでいる生徒が、部外者の無責任な面談によってまた学校を続けるようになったら、我々の負担が増えるだけじゃないですか！　学校や我々に何のメリットもありません」

いったい、誰のための外部支援者との連携なのだろうか。黙って反対意見を聞いているヒロヨ教諭の違和感とはこれなんだろう、と愚禿《ぐとく》は思いながらも、羽村さんの熱い言葉が脳裏を駆けめぐっていた。

「もし、学校につないでいただけたら、僕たちは先生方の部下として頑張ります」

この言葉に背中を押され、愚禿は反対意見を押し切って、「育て上げステーション」との連携を宣言した。そして、月一回のペースで「育て上げステーション」から派遣された職員と生徒との面談がはじまった。

初めは担任も生徒も疑心暗鬼で、面談の対象者も少なく、この外部連携によってどれほどの成果が上がるのかと疑問視する教員も多くいた。しかし、「育て上げステーション」の職員による親身な対応と面談結果の丁寧なフィードバックによって、少しずつだが「育て上げステーション」の存在が校内で認知されるようになっていった。

大きな転機となったのが、卒業や退学した生徒の継続的な進路指導の成果である。たとえば、「進路未定のまま卒業した生徒の就労先が決定した」と「育て上げステーション」から学校に連絡が入った。また、退学した生徒が「育て上げステーション」の就労支援プログラムに参加して就職が決まった。さらに、就職した卒業生が会社を辞めたあと、「育て上げステーション」につながっていたことで新たな就職が決まったなどの報告が入るようになったのだ。

学校では年度末の三月三一日が締め日であり、進学、就職、進路未定の数値がその年度の進路指導の成果となる。そのため、年度末までに進路を決めなければならないというバイアスがかかってしまう。ところが、課題を抱えた生徒にとっては、期限を迫られること自体が大きな負担となる。無理やり進路を決めても、その後、進路先となる上級学校を退学したり、就職した会社を退職したりするというケースが毎年後を絶たなかった。

そこで愚禿《ぐとく》は、進路が決まらない生徒も、「育て上げステーション」に登録さえすれば、それを進路決定の一つと見なすことにした。それによって、個々の生徒に応じた、在学から卒業後、あるいは退学後までの時空を超えた、途切れることがない進路支援ができるのではないかと考えたわけである。

さらに愚禿は、SCや「育て上げステーション」による手厚い支援やアドバイスが、生徒や保護者はもとより、日々「困った生徒」の対応に追われている担任をはじめとして、教員集団の強力な「助っ人」になると確信するようになった。そして、「困った生徒」の心理や精神にかかわる相談はSC、転学や退学、卒業後の進路にかかわる相談は「育て上げステーション」といったすみ分けが整うことになった。

その後、気付けば、「うさんくさい」と言って一番反対していたナミコ教諭が、「困った生徒」を「育て上げステーション」につなげる応援団長となっていた。

後日談になるが、本能的に強い違和感を抱いたナミコ教諭、こんな大変な学校につながりたいというう
さんくさい団体がどんなものなのかと、逆に興味が湧いたらしい。そして、校内で開催された「育て上げステーション」の説明会に参加するとコロッと心が変わり、「これは活用しよう」、「これを活用したら先生たちも少しは楽になるかも」、「生徒のためにも、学校外の大人とつながれる機会を使わないほうがおかしいと思うようになった」、と言っていた。

教員みな殺しの学校

ある朝、教室の机や椅子が山積みとなり、バリケード封鎖されるという前代未聞の事件が起きた。犯人は一年生の市川龍輝に違いないと、教職員の間に緊張感が走った。入学早々から龍輝は、子分となっている悪い仲間を引き連れて学校内外で傍若無人とも言える行動を繰り返していた。中学生のときから地域では有名な悪童で、警察沙汰を繰り返し、更生施設にも入所していた。

腫れ物に触るように、龍輝に手を焼いている教員たちを尻目に、ナミコ教諭だけは龍輝を事あるごとに呼び出しては説教したり、「育て上げステーション」につなげようとしたりと、真正面から彼を受け止めていた。実は、ナミコ教諭には龍輝が入所していた更生施設で働いていたという経歴があり、その施設から高校に入ってきた生徒を何とか卒業させたいという強い思いがあったからである。

何度も教員に対して暴言や暴力を振るおうとする龍輝を、ナミコ教諭は体を張って止めていたが、やがて、起こるべくして事件が起こった。

愚禿《ぐとく》が人権教育の視察のために京都に行っているときのことであった。この視察に同伴していた二人の校長は、愚禿の元部下の教頭であったロック校長と西浜校長である。一日目の視察を終えて京都に向かう電車の中で、突然、愚禿の携帯電話に着信が入った。

「校長、大変です。龍輝が職員室で大暴れしています。土壁教頭が投げ飛ばされ、今、丹教頭が馬乗りになって龍輝ともみ合っています。のんきに京都旅行している場合じゃないです。すぐに戻ってきてください！」

ナミコ教諭からの怒りの電話だった。向かいの席で聞き耳を立てていたロック校長が、にが笑いをしながらつぶやいた。

「相変わらず西多摩高校は大変ですね。このままじゃあ、教員はみな殺しになりますよ」

視察から戻った愚禿が、苦渋の表情を浮かべながらナミコ教諭にこう告げた。

「龍輝をこれ以上面倒見ることはできない。あんたから、保護者に進路変更を説得してくれ」

こうして龍輝は学校を去ることになった。このあたりのいきさつは第2章に譲ることにして、物語を先に進めていく。

龍輝が学校をやめた数か月後、校門の前で龍輝が大暴れしているという連絡が入った。愚禿が慌てて校門に行ってみると、ナミコ教諭が興奮する龍輝の下半身にしがみついて、「やめなさい、やめなさい！　龍輝やめなさい！」と大声で叫んでいた。

校舎の二階の窓からは、若手教員が鈴なりになってこの光景を眺めている。校門付近にいるのは、ナミコ教諭と丹教頭だけである。龍輝は、金銭と彼女の問題でトラブルになっていた在校生を待ち伏せしていたのである。

その場を何とか収めたあと、ナミコ教諭が泣きながら校長室に飛び込んできてこう訴えた。

「こんな学校辞めてやる。龍輝が暴れているのに、誰も助けに来てくれないじゃないですか！二階から眺めている男連中はいったい何ですか！　こんな学校で教員なんかやっていられません！」

外部からの支援者がいくら増えても、教員たちが逃げ腰では「困った生徒」への支援はかなわない。「とことん面倒を見る」という看板に尻込みする教員たちを目の当たりにして愚禿《ぐとく》は、超えることのできない教員の意識という壁の高さに呆然と立ちすくむだけであった。

当然のごとく、翌日、愚禿のもとにナミコ教諭のご主人から抗議の電話が入った。

「おたくの学校には男性の教員はいないのか！　とことん面倒を見るというのはいいが、また同じようなことがあれば教育委員会に訴えて、妻を別の学校に異動させる！」

ガシャン。プー、プー、プー、プー……。

奈落の底の専門家

外部からの応援があるにもかかわらず、校内では「困った生徒」の支援が一向に進まず、落ち込む愚禿をさらに奈落の底に突き落とすような大事件が起きた。

　この年は、年度初めから生徒の問題行動が多発し、学校外で集団による喫煙、飲酒、暴力などといったトラブルが頻発していた。夏休みまでに一〇〇名以上の特別指導があり、二〇名以上が学校をやめていた。

　学校をやめた生徒の一人であるブラジル国籍のマイケル大久野は、母が日本人と再婚したことが理由で日本に住むようになった。日本語がうまくしゃべれないだけでなく、発達障がい、もしくは境界知能が疑われる生徒でもあった。勉強はまったく分からず、悪い仲間にそそのかされて悪事に手を染めるようになった。

　言うまでもなく、断れば仲間外れにされるので、集団による喫煙、飲酒、暴力などに加担し、繰り返し特別指導を受けることになった。そうした状況を心配した保護者の意向もあり、悪い仲間との縁を切るために夏休みを前にして学校をやめることになったのだ。そして、中退してから半年後、夜の街で知り合った悪い連中にそそのかされて、人を殺《あや》めてしまったのだ。

　実刑判決を受けた少年は、当然、少年刑務所に送られる。もし学校をやめていなければ、このような凶悪事件に巻き込まれることはなかったのではないか。多少の問題はあったとしても、高校生であることが社会のセーフティーネットになっているのではないか――愚禿は、痛恨の思いに打ちのめされてしまった。

さらに追い打ちをかけるように、大きな事件が続いた。油平雄平《あぶらだいら》は父子家庭で、父親がアルコール依存症のために生活保護を受けていた。中学校から何度も暴力事件を起こしては更生施設に送られ、一年遅れで高校に入学してきた生徒である。

学校では問題を起こさないが、学校外では地元の悪い仲間たちとつるんで悪さを繰り返していた。ある晩、夜の盛り場で仲間と酒を呑んで暴れ、そばにいた老人を突き飛ばしてしまった。その老人は、縁石に後頭部を強打し、病院に運ばれたが、一週間後に亡くなってしまった。結局、雄平は少年院送致となり、学校を退学することになった。

その一方で、「とことん生徒の面倒を見る」という愚禿《ぐとく》のこだわりによって西多摩高校の「面倒見のよさ」が地域で評判となり、困難な課題を抱えた「困った生徒」が想像を超えるほど次々と集まるようになっていた。これが理由なのだろう。暴力、いじめ、窃盗などといった反社会的な問題が多発し、深刻化するようになった。

このような状況と並行して、不登校や希死念慮《きしねんりょ》などの引き金となる精神の不調や心の病などといった非社会的な問題を抱える生徒の割合が増えていった。こうした危機的な状況に対して教育委員会は、西多摩高校の学校医として精神科の医師を指定したほか、毎月一回の臨床発達心理士の派遣を決定した。

精神科の医師というのは、伊奈精神科病院の院長である小峰先生。そして、臨床発達心理士は、特別支援学校の元校長である上代継《かみよつぎ》先生である。外部から新たな「助っ人」が加わったわけである。そして愚禿は、奈落の底でめぐり合った二人の専門家から示唆に富むアドバスを受けることになった。

精神科医の小峰先生は温厚で優しい人柄であるが、その言葉の裏には、臨床医として積み上げてきただけの重みがあった。

「精神に不調を訴える生徒は、保護者も同じような症状を抱えていることが多いのです。それによって、生徒の問題が表面化せず、先送りにされたり、複雑になったりすることで状況や症状を悪化させている場合があります」

愚禿は、この言葉に深く納得した。

事実、問題を起こした「困った生徒」の保護者を呼び出すと、その保護者が逆上して、教員や学校を猛烈に批判したり、突然、我が子を殴り出すということもあった。さらに、生徒のことよりも保護者自身の精神の不調を切々と訴える場面や、保護者の目がうつろで反応に乏しかったりするなど、生徒以上に保護者が精神面で問題を抱えているのではないかと思われる場面に何度も遭遇している。

小峰先生の言葉どおり、こうした家庭環境のなかでは、医療機関につながるという生徒はそれほど多くない。精神や発達に障がいがあることを親子で気付かない場合や、気付いていてもそれを受容できない場合があって、医療機関への橋渡しが困難な状態になっていた。

こうした背景もあって愚禿《ぐとく》は、問題を起こした生徒のなかで医療機関へのつなぎが必要な場合は、学校への復帰条件として、医療機関の受診を保護者に約束させることにした。

もう一人の「助っ人」である上代継《かみよつぎ》先生は、元特別支援学校の校長をしていたこともあって学校風土にも理解があり、気さくで思ったことを遠慮なく言ってくれるため参考になる点が多くあった。そのなかでも、巡回心理士として本校に配置が決まったときに言われた言葉を愚禿《ぐとく》は忘れることができない。

「特別支援学校でもない高校で、生徒をここまで面倒を見るという校長のこだわりはすごいですね。あなたも、まちがいなく発達障がいですよ」

そういう上代継先生も同じではないか、と愚禿は感じていた。話しはじめると、マイペースで周りにお構いなしとなる。こだわりの強い人は、みんな発達障がいのグレーゾーンにいるようだ。

以下では、上代継先生が校内研修で示した発達障がいの考え方や、巡回観察で指摘された生徒の発達障がいの事例について、**図1**を参考にしながら紹介したい。

学校のなかでよく見られる発達障がいは、大きく三つに分類される。まずは自閉スペクトラム症（ＡＳＤ）、いわゆる空気が読めずに対人関係が苦手な生徒である。こだわりが強く、マイペ

図1　発達障がいの分類

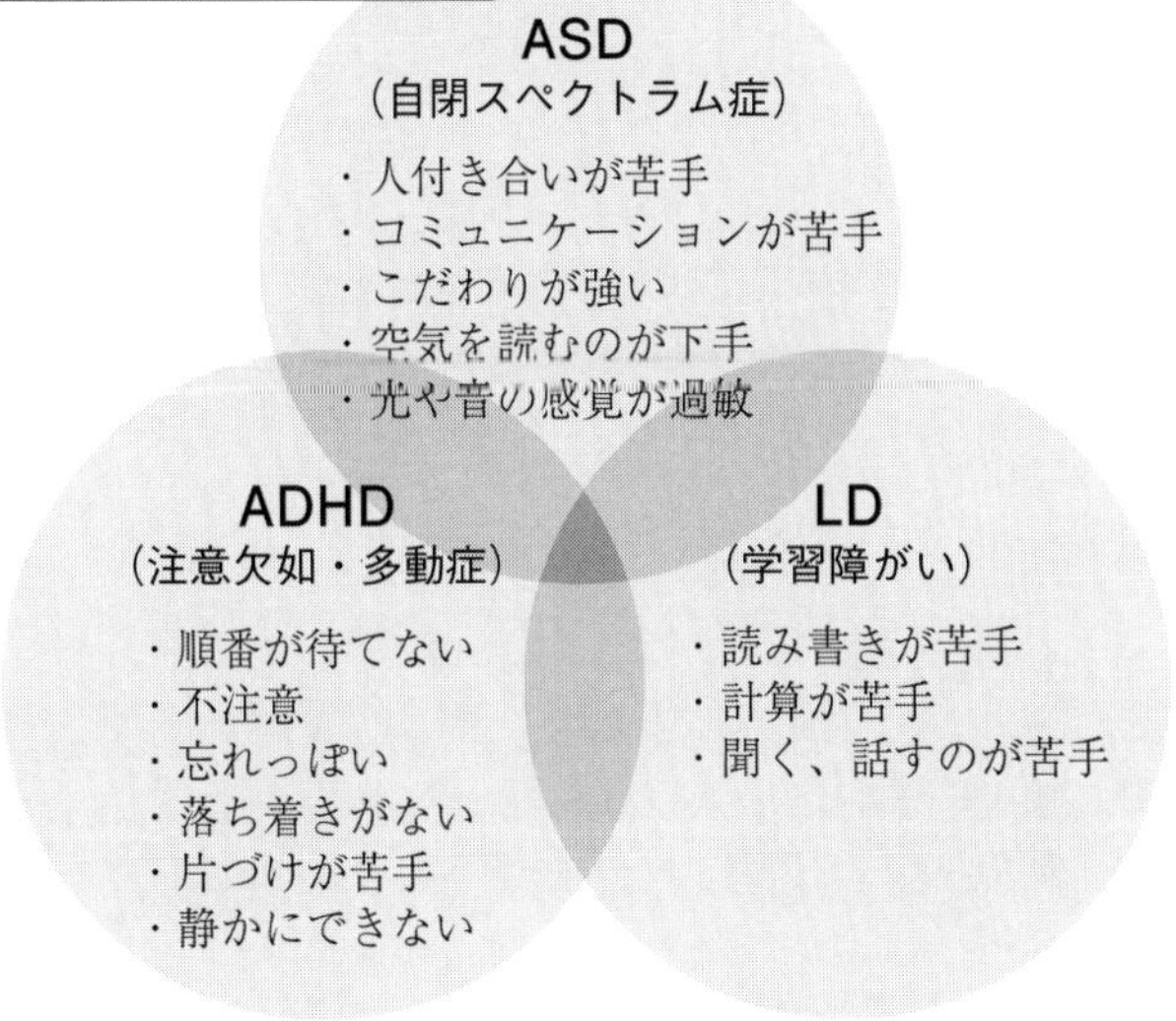

ースで集団のなかで浮いてしまうというものである。

次の注意欠如・多動症（ＡＤＨＤ）は、不注意、多動性、衝動性のある生徒である。長時間座っていられない、何か思いつくとすぐに発言する、よく忘れ物をする、片づけができないといった特性がある。

そして、学習障がい（ＬＤ）は、読み、書き、計算がうまくできない。つまり、勉強が苦手な生徒である。

この三つは重なり合っている場合が多く、学び直しを求めてくる生徒のなかには、学習障がいというよりも、知能指数が低い境界知能の生徒もいるのだ。それに、ほとんどの発達障がいは正式な診断がつかないというグレーゾーンの場合が多い。そのなかには、養育者との生育上のトラブルから「愛着障がい」や「トラウマ」を抱えているという生徒もいる。

最初の事例は、一年生の小和田圭二である。

彼は、ASDのグレーゾーンにいる生徒で、学校での大きな問題行動はなかったが、学校外では、家屋侵入、万引き、窃盗を繰り返しており、警察からマークされていた。自宅近くの市営住宅に侵入して金品を盗んだ疑いで警察から呼び出しを受けていたが、それに一切応じず、登校してきたところを学校で逮捕された。

二つ目の事例は、一年生の留原大地である。

彼には、ASDとLDの傾向があり、虚言癖があって、筋の通らない話をするので仲間からバカにされていた。やって良いことと悪いことの区別がつかず、「やれ！」と言われるとやってしまうという生徒であった。

仲間から蹴られたり、叩かれたりといういじめを受けても、相手にしてもらえることがうれしくてグループから抜けられない。全裸の写真をばらまかれても、いじめられているという自覚がなかった。このような子どもを一人で育てている母親は、彼の性格や行動を完全に諦めていた。

三つ目の事例は、二年生の戸倉龍男である。

彼には、ＡＤＨＤ、ＬＤの傾向があり、喫煙による特別指導を繰り返し受けていた。謹慎中にバイクを乗り回し、学校の前を通る道路で爆音を響かせて、何度も行ったり来たりするなどして授業を妨害していた。そして、謹慎が解除された翌日、遅刻して教室に入るなり、机や椅子を投げ飛ばし、再び特別指導となった。

最後の事例は、三年生の牛沼恵子である。

彼女は典型的なＡＤＨＤである。暴言、授業妨害を繰り返し、特別指導を受けていた。とくに、衝動的に行動する傾向が強く、友達のバイクを借りて、無免許の二人乗りで赤信号の交差点に突っ込み、トラックと衝突した。救急搬送されて集中治療室に運ばれ、幸いにも一命は取り留めたが、長期入院を余儀なくされた。

このような例を前にして、上代継《かみよつぎ》先生が校内研修会で繰り返し語った言葉は次のようなものである。この言葉も、愚禿《ぐとく》は忘れることができない。

「発達障がいの多くはグレーゾーンであり、その生徒の診断よりも、その特性を理解することが大切です。そして、最近、発達障がいが増えていると言われていますが、私は発達障がいというよりも、生育上の養育者との問題で生じる愛着障がいが原因で発達障がいと同じような『困り感』をもった生徒が増えているのではないかと感じています。発達障がいや愛着障がいは簡単に治りませんが、それを理解して対応することで、二次障がいは防げると考えています」

発達障がいや愛着障がいがもとになる二次障がいという問題は、障がいの特性やその対応策を職場全体で共通理解することが重要であると、上代継《かみよつぎ》先生は力説していた。

愚禿《ぐとく》も、学校現場においては、専門家の診断や見立てを聞くだけでは何の意味もなく、そういう生徒に対してどのように対応すればいいのか、その具体的な方策を知りたいと常々感じていた。そして、それを裏付けるように、上代継先生が校内研修の事例で挙げた生徒のほとんどが、見立ても虚しく学校をやめている。

文部科学省や教育委員会からは、高校における特別支援教育や発達障がいに対する理解の推進が上意下達で下りてくるが、それぞれの高校において合理的な配慮の理解がどれほど進んでいるのか、多様な特性をもった生徒への対応の仕方がどれほど共有されているのか、学校現場では遅々として進まない特別支援教育や発達障がいに対する理解の乏しさに、愚禿は大きな不安と焦りを感じていた。

錯綜する外部支援

どの学校よりも手厚い支援体制のある高校、しかし、その網の目から次々とこぼれ落ちていく生徒たちがいる。「困った生徒」のドロップアウトをくい止めることがいかに困難であるか、愚禿は自ら掲げた「とことん生徒の面倒を見る」という看板を下ろさざるを得ない状況に追い込まれていた。

そんな折も折、またしても外部から強力な「助っ人」が現れた。

二〇一六（平成二八）年度から、東京都教育委員会は不登校・中途退学未然防止対策として、都立学校「自立支援チーム」派遣事業を開始した。「自立支援チーム」を構成するのは、福祉系、進路系、心理系などの専門性をもった「ユースソーシャルワーカー（YSW）」[1]と呼ばれる人たちである。当然のごとく、西多摩高校も「自立支援チーム」の継続派遣校[2]に指定された。

愚禿は、ひとり親家庭や外国にルーツのある家庭、貧困や生活保護を受けている家庭の割合が増加していることから、家族が抱える課題への福祉的な支援を充実させれば、立ち入ることの難しい家庭問題や養育者との関係で生じている愛着障がいに対して手を差し伸べることができるのではないかと、秘かに新たな「助っ人」に期待した。

（1）一般的には「スクールソーシャルワーカー（SSW）」と呼ばれているが、東京都では、教育と福祉を統合した支援という意味合いを込めて「ユースソーシャルワーカー」と呼んでいる。主な役割は、中途退学の未然防止、不登校生徒への支援、生徒およびその家族が抱える課題への福祉的支援、都立高校を中途退学した生徒への就労・再就学支援などとなっている。二一二ページを参照。

（2）継続派遣校として指定されているのは、二〇二三年度の時点で、チャレンジスクール、エンカレッジスクール、昼夜間定時制高校、通信制課程のすべてと、不登校や中途退学問題が顕著に表れている普通科高校（全日制、定時制）となっている。

しかし、外部支援者が増えれば増えるほど、どの生徒をどの支援者につなげるのかという点が大きな課題となった。生徒の「困り感」によっては、複数の支援者や支援機関につなげる必要があるからだ。さらに、それぞれの支援者が深堀りした生徒状況が担任や学年、ほかの支援者に伝わらないなど情報が錯綜して、効果的な支援につながらないというケースも増えていった。

そんなトラブルが増えはじめたころ、ナミコ教諭と草花教諭が深刻な顔をしながら校長室にやって来た。この二人がそろって来るということは、校長の学校経営にイチャモンをつけるときと決まっている。愚禿《ぐとく》は、直ちに臨戦態勢に入った。

ナミコ 校長、やばいですよ。
愚　禿 何がやばいの？
ナミコ 校長がやたらに外部支援者を入れるから、先生たちが生徒の面倒を見ようとしなくなっている可能性があります。それが心配なので、今日は特別支援教育コーディネーターの草花先生も一緒に連れてきました。
愚　禿 えっ、どういうこと？
ナミコ 専門家によって生徒情報が深堀りされたことで、結果的に生徒を学校から排除することになったり、生徒を外部支援者任せにするケースが増えています。

愚　禿　具体的にどんなことがあるの？

ナミコ　たとえば、専門家の知能検査（ＷＩＳＣ）によってＩＱが小学生並みであったことが分かると、本人がかわいそうだからと、担任や学年主任が特別支援学校などへの転校をすすめようとしています。それから、不登校の生徒などは、ＹＳＷにつないで通信制高校やほかの高校に転校させるといった流れも生まれています。外部支援者を入れたことで、かえって原籍校での面倒見が悪くなってきているのかもしれません。

愚　禿　それは本末転倒だよ。どうしたらいい？

草　花　学校と外部支援者や外部機関の連携・調整の窓口を一本化してください。それから、まずは教員自身が、支援を必要としている生徒に気付くことが大事だと思います。そのための、校内研修の機会をつくってください。

ナミコ　それを、コーディネーターの草花先生にやらせてください。

愚　禿　分かった！　じゃあ、草花先生に任せるから、よろしく。

愚禿の「よろしく」は全然よろしくないと思いつつも、「僕は校長には騙されません」と言っていた草花教諭が、まんまと愚禿の手のひらで転がされている様子を見て、ナミコ教諭はにが笑いを押しとどめるのに苦労していた。

こうして、コーディネーターの草花教諭の提案により、保健部を「保健相談部」と名称を変え、外部支援者や外部機関との連携・調整の窓口とし、自身が務める分掌主任に生徒の情報を一本化させることにした。また、支援を必要としている生徒に「気付き」、「つなぎ」、「支える」ためのフローチャートを作成し、教員自らが動けるように、学校から外部機関までの支援の流れを分かりやすく可視化することにした（**図2**参照）。そして、それを効果的に活用するために、校内研修の機会を年間行事計画に位置づけた。

さらに、教員による生徒の状況把握に関する意識を高めて、個人差が出ないようにするため、校内の専用サーバーに生徒の情報ファイル（生徒概況）を置き、ホームルーム担任、教科担任、部活動顧問などが学校生活で気付いた点を書き込み、リアルタイムで情報の共有ができるようにした。もちろん、サーバーへの書き込みに関して教員の温度差はあったが、これによって「困った生徒」の早期発見と、どの支援者につなぐのかという流れが「見える化」されるようになった。

生徒の心の声を聴く

錯綜していた生徒の情報を整理したことで、「チーム学校」として機能が少しずつだが整ってきた。そして、ちょうどこのころから、コロナ禍の影響とも重なって、不登校や希死念慮《きしねんりょ》をもっている生徒の増加が大きな課題となってきた。それまでは、とりあえず学校には来るが、授業を

図2　西多摩高校　個別の教育支援計画・指導計画の作成と活用について

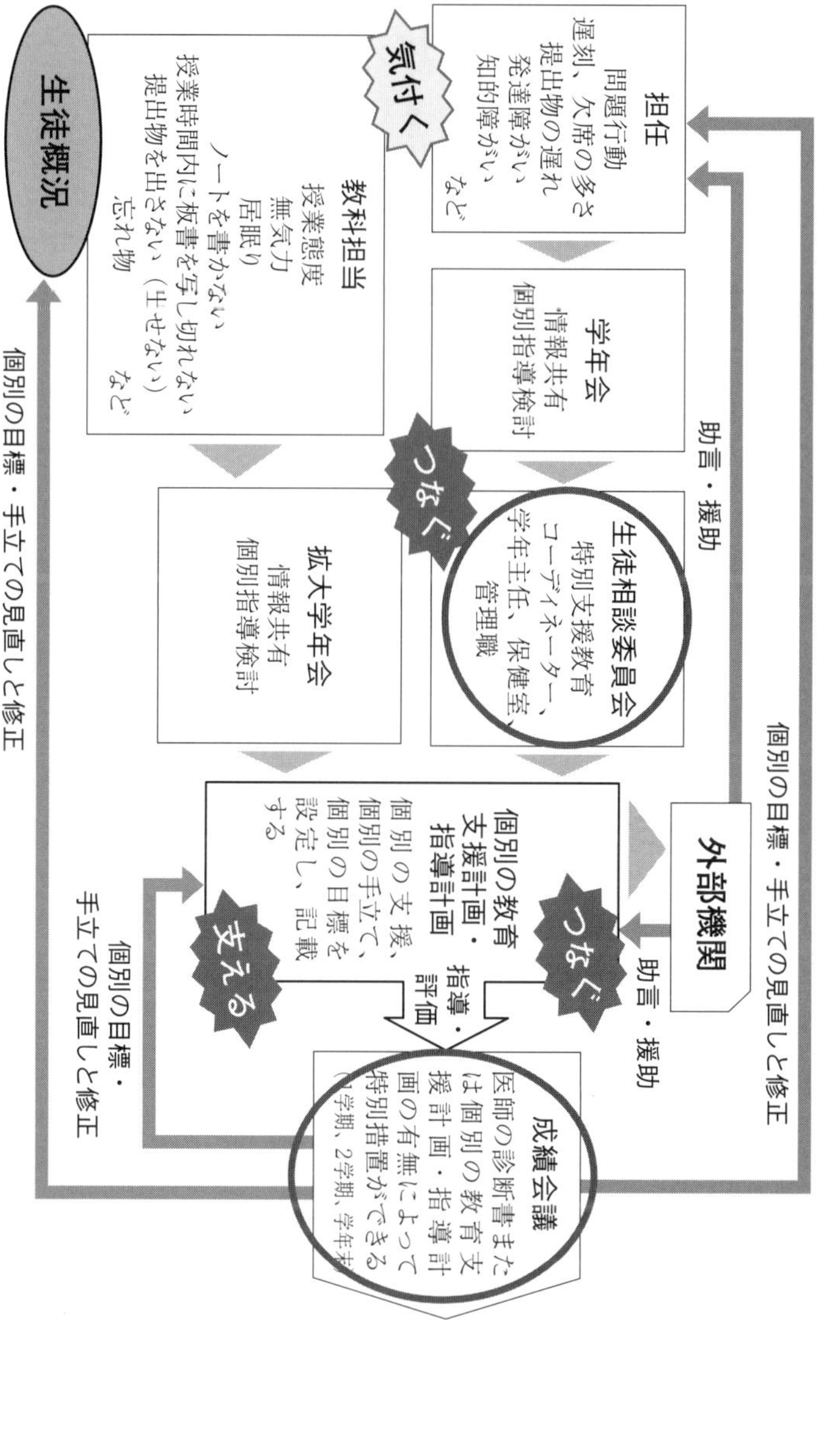

妨害する生徒、生活規律を乱す生徒への対応に追われ、登校できない生徒や学校生活に希望のもてない生徒へのケアが十分にされていなかった。

愚禿《ぐとく》は、登校のままならない生徒、安否の気になる生徒には、「できるかぎり家庭訪問をするように」と繰り返し担任に呼びかけていたが、やはり学校に来て問題を起こす生徒の対応に追われ、不登校の生徒への対応が十分にできない状況が続いていたのだ。

そこで愚禿は、新たに配置された「自立支援チーム（ＹＳＷ）」に不登校生徒への対応を委ねることにした。ところが、ここにも制度の「壁」があり、学校の職員でないＹＳＷが単独で家庭訪問をすることはできない。そこで、担任とＹＳＷが一緒に家庭訪問に行ったり、学校において面談による支援をすることになった。


三年生の加住太郎と一年生の加住咲は、生活保護を受けている父子家庭の兄妹であった。太郎が二年生になったころから欠席が続くようになり、三年生に進級したものの、不登校という状態が続いていた。一方、一年生である妹の咲も、次第に欠席が続くようになっていた。

太郎の担任である滝山教諭と大崎ＹＳＷが家庭訪問をした際、父親から「自分が病気がちで、看病と家事の手伝いをするために学校を休むことが多い」という説明を受けた。生徒対応を検討するＹＳＷのケース会議では、いわゆるヤングケアラーの状況にあるのではないかという報告があり、その対応策について話し合うことになった。
ところが、たまに学校に来る妹の咲と大崎ＹＳＷが面談したところ、父親が酒乱で、朝から酒を呑んでは暴れ、太郎に暴力を振るって無理やり学校に行かせないということが分かった。太郎は、父親の暴力が怖くて本当のことが言えなかったのだ。この面談がきっかけとなり、子ども家庭支援センターや児童相談所と連携を取りながら二人の学校生活をサポートすることになった。

ここで挙げた例は、兄妹が同じ学校に通ていたために家庭の状況がつかめたケースであるが、学校が家庭のなかに踏み入ることの難しさを愚禿は痛感していた。とくに最近では、貧困、ひとり親、外国にルーツのある家庭など、周りに頼れる大人がいないという家庭環境においては、さまざまな困難を生徒が一人で抱え込んでしまい、うつ病や自死などといった深刻な問題を生んでしまうという負の連鎖が生じはじめている。

次のような事例もある。
野辺良太は、学校では熱心に学習や部活動に取り組むという優等生であった。一年生の後半に両親が離婚して、母親と一緒に暮らすようになってから欠席が増えてきた。学校ではとくに変わった様子は見られなかったが、家計を支えるために、部活動をやめてアルバイトをはじめることになった。たまたまその部活に顔を出していた大崎YSWが、良太のアルバイトに関する相談に乗ったことで家庭状況を知ることになった。

家庭には新しい父親がいて、母との間に妹も生まれていた。母親は妹につきっきりとなり、父親は良太に関心を寄せず、良太を除く親子三人で外食するといったこともあったようで、良太は家庭のなかで疎外感を募らせていた。自身の遠慮もあったのだろう。当然のごとく、夕飯を家族と一緒に食べることも少なくなっていった。

ちなみに、アルバイト代は、お世話になっているお礼として家計費の足しにしてもらうという思いもあったようだが、卒業後に家を出て、自立するための資金に充てるつもりでいた。

この相談がキッカケとなり、三年生になった良太とYSW、そして「育て上げステーション」（五八ページおよび二三四ページ参照）の連携による就労支援がはじまり、良太は従業員寮のある地元の印刷会社に就職することになった。

良太のように、一見すると問題がないように思える生徒のなかにも、本人の責任とは言えない問題に苦しんでいる「困った生徒」がいる。愚禿《ぐとく》は、「困った生徒」の抱える問題のほとんどが、自己責任ではすまされない家族や社会の問題ではないかと考えるようになっていた。

そして、このような情報を入手するために、「生徒の心の声を聴く」場面をいかにつくるかが重要だと考え、ＹＳＷには、面談だけではなく、授業、部活動、行事などへの積極的な参加を呼びかけていた。

ＹＳＷが運営している校内カフェ（二二八ページ参照）もその一つである。毎週木曜日の昼休みと放課後、中央廊下の一角に机と椅子を置いて、子ども食堂やフードバンクから提供を受けた食料を自由に飲食できるスペースをつくり、そこにＹＳＷが常駐するというものである。学校に居場所のない生徒のための居場所であり、そこに集まってくる生徒との何気ない会話のなかから、生徒の置かれている学校や家庭での状況を把握することがＹＳＷの重要な役割となった。そして、木曜日の放課後、生徒が帰ってからＹＳＷと保健相談部の打ち合わせがはじまる。時には、気になる生徒の情報交換が夜遅くまで続くということもあった。

新入生の五ノ神真司は父子家庭で、中学校から不登校であった。高校入学前、突然、父親が脳梗塞で倒れて入院し、真司はひとり暮らしとなっていた。

心配した中学校の校長から愚禿のもとに、真司が満足に食事も取れていないことなどの報告があった。そこで、食料支援の候補者として真司を入れ、食料を受け取りに来る木曜日を真司とＹＳＷの面談日とした。食料支援がＹＳＷと真司の効果的な接点となり、中学校ではほとんど学校に行けなかった真司が毎日登校するようになった。

もう一人、食料支援の常連である三年生の横田ラッダは、母親がネパール出身で病気がちなために生活保護を受けていた。家から学校までの交通費が念出できないため、校内カフェがある木曜日だけ登校して食料をもらい、自立するためのアドバイスをＹＳＷから受けていた。社会につながるための手立てや方法について、ＹＳＷから親身なアドバイスを受け、ラッダは何とか卒業までたどり着けている。

前述したように、愚禿《ぐとく》がいる校長室の扉はいつも開放されているため、教員だけでなく、生徒もよく訪ねてきた。ラッダもその一人であった。日本語は話せるが、読むことができないラッダは、一年生のときから校長室に来ては「学校をやめたい」と訴えていた。試験の問題が読めないため、いつも答案用紙を白紙で出していたからである。

このころの西多摩高校は、生徒の特性や「困り感」に応じた合理的配慮が浸透していたため、毎回試験が〇点でも単位を落とすことはなく、卒業までたどり着けていた。ラッダにかぎらず、自分から相談に来る生徒は、心に秘めた本心をよく語ってくれた。

こうした体験から、生徒相談の場面では、生徒を呼び出したときよりも、生徒自らの意志で来たときのほうが「心の声を聴く」うえにおいては何十倍も効果が高いと愚禿は感じていた。その効果を高めるためには、生徒の居場所が校内にいくつかあって、生徒自身が選べるようにすることが重要であるとも愚禿は考えた。

真司やラッダだけでなく、食料支援や校内カフェという機会に自らの意志で学校に来るという生徒は多い。そして、このような居場所が、生徒の本心や家庭の状況を把握する機会となっている。それを証明するように、校内カフェはＹＳＷの象徴として、「生徒の心の声を聴く」空間として、次第に生徒や職員に認知されるようになった。

こうして、ＳＣ、ＹＳＷ、若者支援ＮＰＯ、精神科医、心理士などの外部支援者が学校に入ることで、「チーム学校」としての体制が整ってきた。そして、多様な困難や課題を抱えた生徒に「気付き」、「つなぎ」、「支える」ための組織的な流れが動きはじめた。愚禿にとって何よりも「ありがたい」と感じられたのは、「困った生徒」が教員以外の頼りになる大人とつながり、学校のなかで相談できるようになったことである。

「困った生徒」は、狭い人間関係が理由でＳＮＳをはじめとしたネット上の偏った情報に染まりやすく、大事なことへの判断や行動を誤ることがある。それだけに、親や担任といった上下の関係とは違い、親せきや近所のおじさん、おばさんのような斜めの「ゆるい関係」での大人とのコミュニケーションが重要となる。言うまでもなく、気軽に本音で話ができるからである。仮に学校からドロップアウトしたとしても、頼りになる大人とのつながりが学校の外部にあれば、社会につながる可能性を担保してくれるのではないだろうか――そんな希望を愚禿は抱いていた。

ルールを変える――内規に封印された適格者主義の亡霊

汽水域にある高校

珍しく、ナミコ教諭が笑顔で校長室に入ってきた。今日は、いつものイチャモンではないようだと、愚禿《ぐとく》は安堵した。

ナミコ　ツネ教頭の防災講話はよかったですね。ツネ教頭を見直しました。

愚　禿　そうだね。お年寄りの小さな声の話はよかった。

ナミコ　最近、やんちゃな連中の陰で、不登校ぎみのおとなしい目立たない生徒が増えています。そういう生徒の声は小さくて、周りに届きませんからね。あれは、いい話でした。

この学校では、防災訓練における講話は教頭が担当していた。ツネ教頭がこの日に行った防災講話は、自身の故郷である山里の村に伝わる話であった。

――病気で余命いくばくもないお爺さんがいた。ある雨の日、そのお爺さんが家族を呼んで消え入るような声で話をはじめた。

このような前置きのあと、ツネ教頭はわざとマイクを使わずに小さな声でささやくように話しはじめた。

――雨が強くなって、雨粒が軒から地面まで一本の筋のようになったら、急いで向こうに見える大きな岩の下に逃げなさい。

そう言い残したお爺さんが亡くなってから数年後、その地域に大雨が降った。雨は見る見るうちに豪雨となり、ついに軒から地面に向かって無数の雨の筋が通った。家族はお爺さんの小さな声を思い出して、急いで向かいの大きな岩の下に避難した。その直後、裏山が崩れて、濁流がその家を押し流してしまった。――

そう言ってツネ教頭は、一段と声を落し、小さな声でささやくように言った。

――みなさんの周りにも、小さな、消えるような声で話す人がいるかもしれません。でも、友

――達が小さな声で話してくれた内容に、本当は大事なことがあるかもしれません。

このころの西多摩高校は、発達障がいが疑われる生徒や、不登校ぎみの生徒が年々増加するという傾向にあった。声の大きいやんちゃな生徒と、声の小さい不登校の生徒が混在するという難しい状況である。それはちょうど、真水と海水が入り混じる汽水域のような環境であった。しかし、紆余曲折がありながらも、外部支援者との連携によって、この高校には多様な特性のある「困った生徒」たちを手厚く支援する「チーム学校」の体制が整いつつあった。そんな噂が広がったからであろう。新たな難題が教育委員会から愚禿《ぐとく》のもとに届いた。

二〇一八（平成三〇）年度から高校教育に、通級による自立活動が導入されることになり、その先駆けとして、西多摩高校を「高校通級パイロット校」に指定したいという旨の打診であった。今後、すべての高校に通級が制度化されることを考えると、特別支援教育を推進するうえにおいて、人事面や予算面でもパイロット校の指定を受けることは学校として大きなメリットとなる。

早速、愚禿が職員会議において「通級パイロット校の指定」という打診があったことを報告すると、案の定、会議は大炎上となった。

「校長は、この学校を特別支援学校にするつもりですか！」

「もうすでに、本校を受検するか、特別支援学校を選ぶかで迷っている保護者が大勢います。そのような状況で通級パイロット校に指定されたとなれば、本校は名実ともに特別支援学校になってしまいます。校長は、それでもいいいと思っているんですか！」

「これ以上、発達障がいの生徒が増えたら、高校の授業はできなくなります。特別支援学校では、一クラスの生徒数は八名程度です。本校は一クラス三五名ですよ。絶対に無理です！」

「いっそ、西多摩高校を特別支援学校に変えたほうが、混乱が少なくていいんじゃないですか！」

実際、西多摩高校は特別支援学校に近い立ち位置にあり、どちらの学校に行くことが本人のためになるのか、判断に迷うという生徒や保護者がたくさんいた。普通教育と特別支援教育の汽水域にある学校でも、「合理的配慮」などといった特別支援教育の考え方がまだ浸透していない現

（3）軽度の障がいをもつ児童生徒が、通常の学級に在籍しながら、障がいの状態に応じて特別な指導を受ける教育形態のこと。ほとんどの授業を通常の学級で受けながら、通級指導教室で自立活動や各教科の補充指導などの授業を受けることになる。

（4）高校において、障がいに応じた特別の指導を行う必要がある生徒を教育する場合、特別の教育課程（自立活動）によることができる。この場合には、当該生徒の障がいに応じた特別指導を高校の教育課程に加えるか、またはその一部に代えることができる。ただし、必履修教科・科目などの単位数を、学習指導要領の規定を超えて減らすことはできない。高校の通級による指導によって修得した単位数を、卒業のための必要単位数に含めることも可能とする。高校においては、卒業のために必要な単位数に含める自立活動の上限は年間七単位とされている。

コラム　自立活動

自立活動とは、特別支援学校、特別支援学級、通級による指導の教育課程において、特別に設けられた指導領域である。自立活動の目的は、個々の児童または生徒が自立を目指し、障がいによる学習上または生活上の困難を主体的に改善・克服するために必要な知識、技能、態度および習慣を養い、それによって心身の調和的発達の基盤を培うことにある。

自立活動は、以下の六つの区分に分かれている。

①健康の保持、②心理的な安定、③人間関係の形成、④環境の把握、⑤身体の動き、⑥コミュニケーション

それぞれの区分には、目的に沿った27項目がある。たとえば、「健康の保持」という区分では、生活リズムや生活習慣の形成や病気の状態の理解と生活管理などが含まれている。また、「身体の動き」という区分では、姿勢と運動・動作の基本的技能や身体の移動能力などが含まれている。

実に愚禿《ぐとく》は頭を悩ませていた。しかし、愚禿は、今回の高校通級パイロット校の指定を弾みにして、高校における特別支援教育を一気に加速させたいと考え、多くの反対を押し切って通級の実施に踏みきることにした。

外部支援の限界

高校での通級の実施に伴い、自立活動（**コラム参照**）を担当する教員が増員され、自立活動に必要とされる小集団や個別対応が可能な施設・設備も整備された。また、通級の対象生徒を選ぶための外部専門家を交えた審査委員会も立ち上がり、愚禿の期待どおり、校内における特別支援教育への意識が高まっていった。

しかし、通級指導、個別相談、居場所づく

りの充実によってこれまで光が当てられなかった生徒への対応が充実してくればくるほど、また「困った生徒」を手厚く支援すればするほど、愚禿は大きな違和感に苛まれることになった。というのも、これまであの手この手を尽くしてチームで支えてきた「困った生徒」が、校内規程（内規）によっていとも簡単に排除されてしまうからである。つまり、外部支援には明らかな制度上の限界があり、「とことん生徒の面倒を見る」ためには、学校経営の根幹である内規自体を柔軟に変える必要性があると感じるようになったわけである。その典型例として、西多摩高校には、荒れていた時代の名残として、生徒が問題行動を起こした場合、その内容によらず、三回目の特別指導を受けた生徒は問答無用で進路変更（自主退学）を迫るという内規があった。

中学校で支援学級に在籍していた野辺敦は、高校一年生のときに二回、喫煙が理由で特別指導を受けていた。三度目の問題行動を防ぐため、担任は発達障がいなどの対応に詳しいＳＣやＹＳＷなどにつないで、彼をチームで見守ることにした。その成果もあって、二年間は何事もなく過ぎたが、三年生の三学期、最後の試験日にバイクで登校したことが発覚して、三回目の特別指導となってしまった。

臨時の職員会議では、生徒部から内規による進路変更の原案が示され、生徒を擁護する担任と学年主任VS規程遵守の生徒部との対立となり、議論が白熱した。

担任　本人は、試験を欠席すると欠席時数がオーバーして単位が取れなくなることを心配して、バイクで登校することを選んでしまったようです。慌てると冷静な判断ができなくなるという、発達障がいにおける典型的な行動パターンです。彼は、中学校では支援学級に在籍していました。この二年間はSCやYSWとの面談もあり、問題行動もなく過ごしていたので、何とか卒業のためにもう一度チャンスを与えてください。

生徒部　担任の気持ちはよく理解できますが、この二年間、何も問題を起こさなかったのは、次に何かやれば退学になるという明確な内規があったからです。本人にはかわいそうですが、発達障がいがあるから許されるということではありません。もし、三度目も許されることになれば、学校全体の問題行動の発生に歯止めがきかなくなります。

学年主任　規則は規則として、それぞれの生徒の抱えている背景も含めて判断することが大切だと思います。彼の場合は発達障がいもあるので、今後の人生を考えると、高校中退が二次障がいの引き金になる可能性があります。やはり、SCやYSWとの面談を入れながら卒業させるべきです！

生徒部　これだけ多様な課題を抱えた生徒が入学してきて、今までにない問題や事件が頻発していることを考えると、内規に従って効率的に対応していかないと我々が疲弊してしまいます。一人ひとりの背景を丁寧に見て、個別に判断するというのが理想かもしれませんが、現実的ではありません。だから内規を設けているのではないでしょうか。

拮抗する議論を受けて、最後に愚禿《ぐとく》は、内規を覆して生徒の継続指導を決定した。校長自らが内規を覆すことは法令順守の観点からも大問題であり、教員から多くの批判が出ることも覚悟していた。しかし、「今回は特例として決定してください」という要望のみで、会議室には、むしろ安堵の空気が流れていたように感じられた。

時代に取り残された内規が教員の意識を縛り続け、それによって教員同士がお互いに苦しむことになっているのではないだろうか。義理人情の時代から法令順守の時代に変わり、「ルール至上主義」という現在に求められているものは、現場の実態に応じて柔軟に規則やルールを変えるという勇気ではないだろうか――愚禿は、内規のなかには時代遅れの「適格主義」の亡霊が封印されている、と考えるようになっていた。

そして翌年度、愚禿は生徒部の内規から「進路変更」の文言をすべて削除することにした。

揺れる高校の評価観

生活指導の内規以上に、成績に関する内規を変えることはさらに大きな困難を伴うことになる。高校では、進級や卒業をするためには、決められた教科科目の単位を修得する必要がある。たとえば、高校を卒業するためには七四単位の修得が必要である。これまで、不登校や問題行動を繰り返す「困った生徒」を外部支援者とチームになってとことん面倒を見ても、年度末に単位が取れずに、結局は学校を去っていくという無念さを愚禿《ぐとく》は何度も経験していた。

高校の単位修得では、「履修主義」と「修得主義」という二つの考え方が基本となっている。履修主義とは、一定回数以上授業に出席しなければ単位は認定できないという考え方である。たとえば、授業数の三分の二以上の出席がなければ履修は認められず、不登校などで出席数が満たせなければ「未履修」（授業に参加したことにならない）となる。

一方、修得主義とは、学習指導要領に示す学習内容を修得していなければ単位の認定はできないという考え方で、いわゆる「赤点」の場合は未修得となり、評定は「1」となる。

そして、やっかいなことに、履修を認める出席数や学習内容の修得を認める到達度などに関しては国や教育行政としての明確な基準がなく、各学校の内規によって慣例的に定めることになっている。とくに、修得に関しては、教科ごとの特性もあり、単位認定（評定2以上）の到達度（たとえば、テストの点数など）も一律の基準では統一できないという難しさがあるほか、教科内でも担当者の考え方によって評価に差が出る場合もある。つまり、教科の違いや授業担当者の違いによるブラックボックスとも言える裁量が存在しているということである。

これを授業者の「評価権」という言葉で評価の裁量権を担保して、授業者がつけた評価に外部から「ものが言えない」という慣習が高校の組織文化として根付いている。さらに、義務教育ではない高校では、授業に出席することや一定の学力があることなど、高校生としての「当たり前」（適格者主義）が授業者によって温度差があるという事実も評価のブラックボックス化の要因となっている。

要するに、履修と修得という二つの条件を満たして初めて単位認定となるわけだが、「学び直し」と「不登校」の高校では、履修主義と修得主義とが真っ向からぶつかり合ってしまうことになる。この状態は、「学び直し」や「不登校」というこれまでにはないコンセプトを与えられた高校にとっては、十字架を背負うことになってしまう。

入学時に「学び直し」や「不登校」のハンディを背負って入ってきた生徒に対して、どれだけ学校として単位認定の下駄を履かせるのか。評価権や適格者主義という亡霊のさまよう高校現場における最大の障壁と言える。

このように、高校の組織文化として「当たり前」であった単位認定にかかわる教務内規を変えることは、学校経営上、困難を伴うことになる。高校における「学び直し」や「不登校」のコンセプトを達成するためにこの困難を乗り越えること、すなわち、高校では「当たり前」であった「評価観」や「評価権」を大きく揺さぶることは避けて通れない、と愚禿は覚悟した。

ちなみに、それから十数年後のコロナ禍を経験した二〇二三（令和五）年八月に中央教育審議

コラム　高等学校教育の在り方　ワーキンググループ　中間まとめ概要（令和５年８月24日）

近年、不登校児童生徒数は義務教育段階を中心に大幅に増加し、令和３年度時点で、小中高で合わせて約30万人と過去最多になった。高校では、通信制に在籍する生徒数は近年大幅に増加しており、通信制が多様な背景を有する生徒の受け皿になっている。一人１台という端末の整備や、同時双方向型のメディア活用の普及状況などを踏まえれば、端末環境の整備とあわせて、全日制・定時制・通信制いずれの課程にあっても、いつでも・どこでも・どのようにでも学ぶことが等しく認められるようにするなど、生徒の状況に応じた個別最適な学びと協働的な学びの一体的な実現が重要である。

全日制・定時制において、多様な生徒が現籍校での学びを継続しながら、多様な学びを実現して卒業できるよう、支援の充実、入学者選抜における適切な評価、履修・修得の柔軟な認定、通信教育の活用、学びの多様化学校（不登校特例校）の設置や校内教育支援センターの設置促進（97ページ参照）、学校間連携等の促進、ICT 活用の体制・環境整備などを考えていくことが重要となる。

全日制・定時制課程における不登校生徒の学習機会の確保に向けて、合計36単位の範囲内において、不登校生徒が自宅等から高校の同時双方向型の遠隔授業を受講することを可能とするとともに、オンデマンド型の学習を可能とする通信教育について、学びの多様化学校（不登校特例校）の指定を受けずとも活用可能とするために制度を改正する。

不登校傾向のため、授業時数の３分の２以上の出席など、多くの学校で慣例として定められている単位認定の際の出席要件を生徒が満たせなかった場合でも、一人ひとりの実情に応じて柔軟に履修・修得を認められるよう、上記制度改正と併せて促す。（中教審の「中間まとめ」の概要版を抜粋）

会は、「高等学校教育の在り方の中間まとめ」（**コラム**参照）を公表している。その内容というのが、奇しくも愚禿《ぐとく》が覚悟のうえで改善しようとした、「評価観」や「評価権」を揺さぶることと重なるものであった。

それを予言し、先取りすることになった西多摩高校の物語に戻ろう。

何でもありなのか

友田陸斗は、近隣にある都立高校一年生のときに教員を殴って退学勧告を受け、西多摩高校に転入学してきた生徒である。日頃から落ち着きがなく、ＡＤＨＤが疑われる生徒でもあった。

二年生のときには近くの公園で集団乱闘事件を起こし、怪我人が出たために警察沙汰となっていた。繰り返し、喫煙、暴力、窃盗などの問題を起こしながらも、「進路変更」の消えた校内規程に救われ、担任と外部支援者のサポートによって、何とか三年まで進級することができていた。

そして、二月中旬に卒業判定の成績会議が開かれ、陸斗は卒業規定の七四単位に六単位届かず、卒業保留となった。

一般的には、成績会議で卒業が認定され、卒業単位に満たない生徒は原級留置、いわゆる留年となる。ただし、教務内規によって、病気などといった特別の事情がある場合は特例として単位を認めることや、補習などの機会を与えて、再度卒業判定会議が開けるようになっている。

愚禿《ぐとく》は、成績会議における単位認定の特例を、柔軟に運用できるように変えようとしていた。その理由は、この学校にいる生徒全員が「特別な事情」(教員が認知できる、できないは別として)を抱えている可能性があるからだ。

たとえば、欠席や学力不足から単位の取れない生徒には、成績会議を待たずに「前倒し」で補習を行って単位を取らせる。成績会議後も、年度末の三月三一日までを期限とし、それまでに補習が完了すれば単位を与えて卒業させる——こうした愚禿の提案に教員たちが大反発した。

「我々の一年間の授業をないがしろにする暴挙である。怠惰な生徒でも、最後だけ頑張れば単位が取れるのであれば、誰も真面目に授業に取り組まなくなる!」

「これまでも、一生懸命に頑張って点数が取れない生徒に『評定1』を付けることはありませんでした。逆に、何もやろうとしない怠惰な生徒に補習をやって、単位を与えるつもりもありません。そもそも、そういう生徒は補習に呼んでも来ないと思います!」

「何もやらない怠惰な生徒が単位を取れたら、真面目に取り組んでいる生徒は納得しません!」

確かに、こうした反論のとおりかもしれないと愚禿は思いつつ、成績会議のたびに露わになる「怠惰」の認識に対して強い違和感を抱いていた。「わざとやろうとしないのか」、それとも「やれなくて困っているのか」、この直感こそが、高校に特別支援教育がどれほど浸透しているかの指標となる、と愚禿は考えていたのである。

この年は、三月二五日に補習を続けている生徒のために、最後の成績会議が設定されていた。すでに卒業式は終了しており、もし追加で卒業が認定されれば、校長室で個別に卒業証書を渡す予定になっていた。

追加の卒業を目指して補習を続けているのは、陸斗を含めて三名いた。そのうちの二名は、教室に入れず、半年にわたって不登校となっていた生徒である。学年団が空き教室を開放して、二名をそこに通わせ、補習や授業を行うことを企画した。しかし、授業を担当する教科担任から、「我々に余分な授業をやらせるつもりか！」という大反発を受けてしまい、頓挫しそうになったが、学年主任の日ノ出教諭と学年団の強い意向によって、学年の担任団を中心に補習が二学期中旬からはじまっていた。

ちなみに、不登校生徒のための別室補習は、何とそれから一〇年後の二〇二三（令和五）年八月、不登校支援の中教審の「中間まとめ」において、「校内教育支援センター」として設置が推進されている。このように、時代を先取りする発想は、常に現場において手痛い洗礼を受けることになる。

年度超えの卒業

何とか卒業に向けた補習は順調に進んでいたが、二月のある日を境に陸斗だけが補習に来なくなった。保護者からは「花粉症で体調を崩した」という連絡が入っていたが、陸斗は悪い仲間と空き倉庫に侵入して窃盗を働き、警察に逮捕されていたのである。鑑別所に送られていることを知った担任の河辺教諭が、愚禿《ぐとく》のもとに相談にやって来た。

「校長、何とかしてください。ここで卒業させないと、彼はもっと大きな犯罪に手を染めてしまうかもしれません。鑑別所で残りの課題をやらさせてください。卒業させてあげてください！」

前代未聞の状況に躊躇した愚禿だが、この瞬間、河辺教諭の言葉と娘の命を救ってくれたカワシマ先生の「最後まで自分に診させてください」という言葉が脳裏で重なり合った。そして、堅牢な教員の意識の壁に風穴が開いたことを感じ、無理を承知のうえで、剛腕の学年主任である日ノ出教諭を呼んで、「学校ではなく鑑別所で残りの課題がやれるよう、教科担任を説得してくれないか」と伝えた。

三月二五日、修了式のあとに臨時の成績会議が開かれ、愚禿は三名全員の卒業を認定した。ただし、陸斗に関しては、「鑑別所から出てきたあとに登校させて、残りの課題がすべて終了するまで、年度を超えても補習を続ける」と付け加えた。

前代未聞の校長判断に教員はあっけにとられ、会議室には「しらけた空気」が漂っていたが、最後に長老の教員からもっともと思える要望が出た。

「校長決定であれば仕方ありませんが、四月以降は卒業生となるので、年度を超えた補習の対応は、担任ではなく管理職が責任をもってやってください」

愚禿は、早速、陸斗の保護者を呼んで、卒業は認定するが、本人のために四月以降も学校で課題が終わるまで補習を続ける旨を伝えた。陸斗には、重度の障がいのある双子の弟がいた。転倒防止のヘッドギアをつけた二人の弟がケンカして暴れようとするのを止めながら、母親は土気色の憔悴しきった表情で、「ありがとうございます」と言って涙を流していた。

この卒業が、未来の見えない過酷な家庭の現実にささやかな「希望の光」を与えることになるのであればと願いながら、愚禿はやつれた母親の後ろ姿を涙で見送った。

陸斗は約束どおり、四月以降もやり残した課題をやるために学校に通ってきた。補習の場所は、校長室の隣にある応接室である。愚禿がたまにドアを開けると、花粉症のためであろう、鼻をかんだチリ紙の山のなかで陸斗はうつ伏して寝ていた。時には、チリ紙の上に、仰向けになって寝ていたこともあった。

陸斗の課題は遅々として進まず、最後の課題が終了したのは六月の中旬であった。旧学年団と母親が見守る校長室で、三か月遅れのささやかな卒業式が執り行われた。

後日談だが、卒業式のあと、陸斗が真新しいスーツを身にまとって学校にお礼にやって来た。「お世話になりました」と、見違えるようになった陸斗を見た教員たちも、年度超えの卒業式の意味を少しは感じてくれたかもしれない。ただ、現実は甘くなかった。数か月後、またしても陸斗は犯罪に手を染めて少年院に送致されてしまった。

それから一年後、愚禿《ぐとく》が地元にある「くまざわ書店」で本を見ていると、「コーチョー」と大きな声を出しながら走り寄ってくる坊主頭の青年がいた。

「ただいま戻りました！」

「そうか、どこから戻った？」

「はい、新潟です」

新潟の少年院から戻った陸斗が、愚禿の姿を見かけた瞬間に走り寄ってきたのである。陸斗は、まだ学校とのつながりが切れていない。更生への道が閉ざされたわけではない――愚禿はそう思った。

岩魚の教訓

いつものように、渋い顔でナミコ教諭が校長室に入ってきた。またイチャモンかもしれないと、愚禿は身構えた。

ナミコ　もう、ツネ教頭に防災講話をやらせるのはやめにしてください。生徒が混乱するだけです。
愚　禿　あの岩魚の話だろ。防災講話のあとに、何人もの生徒から私のところにも苦情が来ているよ。岩魚がかわいそうだとか、岩魚の顔が頭から離れなくなったとか、何が言いたいのか分からないとか。生徒にはインパクトが強かったんだろうな。

ナミコ　校長、そんなのんきなこと言っている場合じゃないですよ。うちには、言葉や動作の意味が理解できない生徒や、比喩やたとえ話が通用しない生徒がいるんですよ。あんな意味不明の話やジェスチャーを何回も繰り返し聞かされる生徒がかわいそうです！

今回のツネ教頭の防災講話は、子どものころに故郷の山里を流れる渓流で岩魚を手づかみした話であった。二匹目のドジョウならぬ、二匹目の岩魚を狙ったのが悪かった。

「君たちは魚を正面から見たことがあるか」

こんな質問からツネ教頭の講話がはじまった。そして、体育館の壇上から身を乗り出し、全校生徒に向かって、自分の両手を岩魚のヒレに見立てて、顔の横でパフパフと揺らしている。次の瞬間、その両手で岩魚をつかむ動作をする。岩魚はスルッと両手からすり抜けて逃げていく。そしてまた、自分の両手を岩魚のヒレに見立てて、顔の横でパフパフと揺らしはじめた。

この一連のジェスチャーを二〇分近くも繰り返した。

岩魚正面

全校生徒と教職員に向かって延々と続く「ツネパフォーマンス」。愚禿《ぐとく》の前で聞いていた年配の教員がしびれを切らし、「誰か止めたほうがいいな」と言いながら怒っている。

そして、ついに岩魚は、ツネ教頭の両手に捕らえられる。「それを家に持ち帰り、夕飯のおかずとして食べた」と言ってから、ツネ教頭が「結び」の教訓を述べた。

「みなさん、岩魚は何度も何度も危ない目に遭っているのに、また元の場所に戻ってきて、ついに食べられてしまいました。岩魚は教訓から何も学べなかったのです。みなさんは、岩魚のようにならないようにしましょう」

生徒や教員からは大ブーイングとなった講話だったが、愚禿には一生忘れられない防災講話となっている。新潟から元の場所に戻ってきた陸斗が岩魚と同じ運命をたどらないように——そう祈らずにはいられない愚禿であった。

コロナ禍に学ぶこと

そして二〇二〇年、コロナ禍が世の中を一変した。言うまでもなく、学校教育も同じである。緊急事態宣言によって長期間の休校が続き、その後も、分散登校、オンライン授業など、過去に経験のない対応を迫られた。不登校クラスのある西多摩高校では、コロナ禍の前後から希死念慮《きしねんりょ》を抱く生徒が増加し、生命にかかわる事故が発生していた。

その背景として、世の中全体に閉塞感が漂うなか、貧困、ひとり親、外国ルーツなどといった家庭では、人とのつながりが希薄なことが理由でさらに孤立するといった傾向がある。また、困難な課題を抱えた「困った生徒」が他校で行き詰まり、「とことん面倒見のよい学校」という評判の西多摩高校に転入学してくることなどが挙げられる。

虐待、ネグレクト、ヤングケアラーなどといった家庭問題や、自身の学力やコミュニケーションの困り感や挫折感、さらにはジェンダーにかかわる違和感を抱えた転校生たちがひっそりと寄り添い、引き合うようにして仲間をつくっている。彼らは、互いに「負のオーラ」を感じることで仲間意識や安心感を得ようとしているのかもしれない。そして時に、自傷行為や自殺未遂、そして自死へとつながってしまっているのかもしれない。

それは、次のような事例からも明らかである。


定時制や通信制高校における転退学を繰り返し、二〇歳を過ぎてから西多摩高校に流れ着いた生徒がいた。同じような苛酷な境遇にあった仲間の自殺未遂のあとに起こったこの生徒の自死は、「負のオーラ」に閉ざされた闇の深さを物語っている。

生命にかかわるような事故が起こるたびに、未然に防ぐことができなかった無力さを痛感するとともに、保護者や親族はもとより、担任教師や生徒たちが抱く自責の念にどのように向き合ったらいいのか、精神科医の伊奈先生の言葉を愚禿《ぐとく》は思い出していた。

「自殺した人の周りの方は、みなさん、あのとき、ああしておけばよかった、もっと話をすればよかった、とおっしゃるのですが、私は違うと思っています。すでに長い時間をかけて、心のコップが満杯になっていたのです。だから、最後の一滴は、何であってもあふれてしまうのです。もし、私たちにできることがあるとすれば、心のコップが満杯にならないように、日常的な支援を続けることだけです」


三年生の菅生とも子は母子家庭で、長らく母親がうつ病を患っていた。不登校ぎみではあるものの、担任や外部支援者の支えもあって何とか三年生に進級することができ、卒業後は地元企業への就職を希望していた。ところが、緊急事態宣言が明けた六月、中学校の親友が自死したことで体調と精神の不調を訴えはじめ、希死念慮《きしねんりょ》を抱くようになり、それ以降、まったく登校できないという状態になった。

二学期がはじまり、分散登校から徐々に通常の登校へと戻りはじめたころ、担任の矢野教諭が校長室を訪ねてきた。

矢野　何回か家庭訪問に行ったのですが、本人だけでなく、このままでは娘が卒業できなくなることを悲観する母親の病状が悪化しており、家族のなかで最悪の事態を招いてしまうのではないかと心配しています。

愚禿　それは緊急を要するね。できるだけ家庭訪問を続けてください。そして、本人と母親に、「卒業は大丈夫だから、自宅で課題をしっかりやりなさい」と言ってあげてください。

矢野　そんなこと言って、大丈夫ですか？

愚禿　大丈夫。だって、コロナが怖いと言えば、出席停止になるんだよ。命の危険があるのであれば、出席停止は当然でしょう。

　このころ、文部科学省からの通達で、コロナ感染や濃厚接触以外でも、コロナに感染することに不安がある場合は、出席停止の対応を取るということが定められた。生徒や保護者の感情や考え方によって学校の規定が直接影響を受けるという前代未聞のケースである。

　案の定、どの高校でも、新型コロナが怖いので登校させないという保護者からの連絡が増加し、「ズル休みに使っている」と解釈する教員もいたという。実際、そういう生徒や保護者もいただろうが、本質となるのはそこではない。先行き不透明な変化の激しい時代を生きていくために大切なことは、今あるルールや規定が常に正しいのではなく、必要に応じてルールや規定を柔軟に変更したり、見直す勇気をもつことではないかと愚禿《ぐとく》は感じていた。

そういう意味では、高校において発達障がいの理解が広まらない現状や、合理的配慮が進まないという状態は、それを「ズルい」と思わせている適格者主義という亡霊の仕業かもしれない。コロナ禍によって世の中の常識や当たり前が大きく揺らいだわけだが、その事実は、足元から自分の生活や生き方を見直す機会を与えてくれた、という意味に取ることもできる。

学校がコロナ禍から学ぶべきことの一つが、三密を避けるための分散登校によって、不登校の生徒が学校に通えるようになったという事実である。西多摩高校にかぎったことではなく、不登校の生徒を抱える多くの学校が体験していることである。

教育に実験はなじまない。だからこそ、コロナ禍で学校教育がどのような影響を受けたのか、それをしっかりと検証する必要がある。その一つが、一クラスの人数を半分や四分の一に減らすことで生徒が安心して学校に通える環境が生まれるという実証結果である。実際、授業を担当する教員から、「授業の進度は遅れるが、生徒の集中度や学びに向かう姿勢は確実に高まっていた」という証言もあった。

進学校は別として、「困った生徒」が集まる学校では、外の力を借りることやルールを変えることも重要だが、それ以前の大前提として、一クラスの人数を減少させられれば、学校からドロップアウトする生徒を確実に減らすことができると愚禿は確信した。

しかし、そんな当たり前のことができないのだ。現在の高校教育が地域や学校によって非常に多様な状況にあるにもかかわらず、設置目的や特色、教育課題が異なる学校を一律の基準で査定しようとする教育行政の闇のなかで、今日も課題集中校の教職員や外部支援者は「困った生徒」に振り回され、疲弊感や徒労感を募らせている。

なぜ、進学校と課題集中校が同じ土俵に置かれなければならないのか。毎年、その土俵からドロップアウトしているのが「困った生徒」なのだ。

ルールを変えれば学校は変わる。それは、校内規程だけでなく、教育行政の規則や基準も同様である。進学校の一クラスの定員が四〇名であれば、教育困難校や課題集中校は三〇名、あるいは二〇名という定員にすれば、必ず不登校や転退学する生徒を減らすことができる。それを放置したまま、「誰一人として取り残さない」という威勢のよいキャッチコピーだけを発信している日本の学校教育とはいったい何なのか。

「困った生徒」の合理的排除、疲労困憊する教員、「チーム学校」の名のもとに孤軍奮闘する外部支援員、それらを都合のよいドロップアウトの調整弁として、今の高校教育はかろうじて維持されている。やり場のない憤りを感じながら、愚禿の脳裏には、学校から姿を消した「困った生徒」の顔が次から次へと浮かんでは消えていった。

そして、娘が運ばれた湘南病院の一シーンが蘇った。

娘の症状が悪化していく様子に落ち込んでいる愚禿夫婦《ぐとく》に対してカワシマ先生は、笑顔で優しく諭してくれた。

「どうか、一喜一憂しないでください。時間はかかるかもしれませんが、私に任せてください」

とことん困った人を救うものは、薬でも処方箋でもなく、ましてや制度やキーワードでもない。それは、自分はまだ見捨てられていないと感じられる温かな言葉や行為なのかもしれない。それらが、明日への希望の光を灯すのだ。とことん面倒を見た生徒がたとえ学校をやめてしまったとしても、人生の「予後」にはきっと大きな違いが出てくるのではないだろうか――そう信じる愚禿であった。

＊＊＊＊

少し長い物語となったが、愚禿が西多摩高校で体験した出来事のリアルは伝わったであろうか。

さて、次章から第4章まで続く物語は、学校からドロップアウトした「困った生徒」がどのような人生を歩むのかについて深掘りしたものである。愚禿が信じるように、とことん面倒を見た生徒の人生における「予後」がどれほど違ってくるのか、また、教師の葛藤や苦悩が自身の成長（？）にどのような影響を与えているのかについて、読者のみなさんとともに見ていきたい。

第2章 ナミコ先生と「困った生徒」の物語

ナミコ先生とは、優柔不断な愚禿《ぐとく》を本気で殴ろうとした「生徒第一」という熱血教員である。

ナミコ教諭が校長室に飛び込んでくると、いちゃもんを恐れて、愚禿は反射的に身構えていた。

それが理由で、愚禿はよく校長室を留守にして、校内を徘徊するようになった。行方の分からぬ愚禿にいら立つナミコ教諭は、愚禿に「ＧＰＳを付けるように」と提案した。

＊＊＊＊

なぜ、あのとき、ぼうず校長に言われたとおりに屈してしまったのか……とずっと思っている。

今になっても、何が正しいのかは分からない。事実としてはっきりしているのは、学校側が「市川龍輝は退学」という、進路変更をさせたということだけである。傍目に見れば自主退学ではあるが、真実は違った。私が追い出したのである。

龍輝との出会い

「ねえねえ！　おぃ〜！　本当に熊川力のこと知ってんの〜？」

入学してから二週間で仲間を整えた市川龍輝が私に話しかけてきた。笑いながらも眼光鋭くこちらの出方をよく見ている。一定の距離を保ちつつ様子をうかがうところは野生動物そのもので、「人間も動物」と改めて思えるほど微妙な間合いであった。とりあえず私は、合わせた目を見開き、絶対に逸らさないように集中した。

何が何でも全力で進級させ、卒業までの長い道のりを、引きずってでも連れてゆきたかった大事な生徒、それが市川龍輝だった。また、そうしなければならなかった。そうしていれば、犯罪に加担することはなかったであろう。今でも、やめさせてしまったことへの後悔と私自身の力不足、悔しさ、切なさしか思い出されない。

退学後も、何かと連絡を取り続けていた。せめて生活が落ち着くまでは……と、自責の念に駆られた大きなお節介と、なぜか龍輝とは学校を離れてもつながっていたほうがよいような気がしていた。

ナミコ　知ってるよ。けど、その前に、私は「ねぇ」でも「おぃ」でもない。名前を知らないなら、せめて「先生」と言え！

龍　輝　名前～？　知ってるよ！

ナミコ　じゃあ、名前を呼びなさいよ。失礼でしょ、私に。

龍　輝　ふ～ん……。なんで熊川のこと知ってんの？

ナミコ　なんでも。

龍　輝　なんで？　なんで？

ナミコ　教えない。というか、彼を教えたことがあるから。だけど、外では話さない約束と言えば分かるよね？　だから、言わない！

龍　輝　え！　マジ？　そうなの？　そういうこと？　そうなの？　いたの？　あそこに⁈

ナミコ　そうだねぇ、そうかなぁ、どうだろねぇ～。

龍　輝　えぇ！　まじかっ！　やべぇ～‼

ナミコ　何もやばいことはないと思うけどね。ぜーんぜんっ、やばくないっ。

　ひと言で会話が終わらなかったことから、どうやら私は市川龍輝の記憶には残る存在になれたのかなとほっとした。とはいえ、ほんの数分の会話だったのにとても疲れた。しかし、何としてでも信頼関係を築きたいと願う生徒であった。

以前、私が更生施設に勤務し、知り得た情報は、在職中も在職後も守秘義務が伴うことになる。この仕事であれば、常について回ることである。施設内であったこと、人物について、自ら話すことは何もない。そして、何もやばくはない。唯一言えることは、施設内に知り合いがいるため、私はいつでも連絡が取れるということだけである。そういう意味で言えば……市川龍輝にすれば……やばいのかもしれない……。


家族はとても龍輝を大事に思っていた。大切に思い、可愛がられていた。甘やかしている、甘やかしすぎだと判断されることもあったようだが、最後に龍輝を救ったのが家族の愛であることだけはまちがいない。

とはいえ、何度も警察にお世話になったことで「警察との交流」が増え、ブラックリストにももちろん載っていた。警察から学校に生徒の確認を頼まれるたびに、「龍輝のことではありませんように」と内心ハラハラしていた。

数々の問題行動を校内外で起こし、地元でも知らない人はいないというくらいの有名人。同時に、仲間からは憧れともなり、妬み、中傷、縄張り争い、自ら起こす行動のほか、巻き込まれてゆくことも増え、学校の手には負えず、目に余る存在として成長していった。そして、とうとう家族と引き離され、更生施設への入所となった。

そこから、どうして都立高校を受検し、合格したのか？　不思議としか言いようがないが、施設に入れば完璧な訓練を受けるわけだから、合格は想定内となる。

組織的な個別対応を熟知したプロ集団。どんな生徒であっても見捨てない。本人が諦めても、大人が諦めることはない。最後の最後まで個人に寄り添う真剣な大人たちの前では、有名な悪童も真剣になって訓練に取り組むようになる。そして、大事にされていることを知る。だから、結果というものが後からついてくるのだ。

勤めていた当時はめちゃくちゃ大変だったが、「一生ここで働きたい」と思った素晴らしい教育現場である。そこに知り合いがいるという教員が、龍輝の通う高校にいる。龍輝にとっては、かなりやばいことなんだろう。いや、もしかしたら共有できることが嬉しかったのかもしれない。こっちに近寄ってくるようになったらいいんだけどなぁ——そんなことを思っていた。

傷ついた怪獣

「ねぇ、おい。こもり〜！　こもりのおばちゃん！　こ〜も〜り〜っ！　せんせっ！」

「最初から『こもりせんせい』と言えないの、あんたは？　いいかげんにしなさいよ」

こんなやり取りが、毎回、お決まりのように続いていた。いつまでたっても「先生」と呼べない生徒の呼びかけを、私もまた「流す」という対応ができない。最初に確実に躾けなかったことが原因なので、私も後には引けない。

昼休みになると、職員室や教室から遠く離れた教科準備室にやって来る。何をしに来ているのかは疑問だが、ほぼ遊びに来ているような状況が続いた。時間の共有が積み重なればそれだけ可愛い存在になる。

可愛がればこちらの言うことも聞き入れるようになり、素直な一面を見たり、本音を聞いたりすれば、さらに可愛がることになる。そして、ダメなことはダメ、譲れないことは譲れないなど、聞き分けることもできるようになってきた。よい方向に向かっている、と思っていたのは私だけだったのか……。

授業中に何もしない。準備もしない。態度が悪い。寝ているだけ。そして、起こすと怒る。やる気が見られない。騒ぐ。暴言。授業妨害。注意しても聞き入れない。授業を受けるという気のない生徒を置いておく必要があるのか？　気に入った教員の言うことしか聞かない生徒って、いったいどうなの？　明らかにほかの生徒に悪影響が及ぼしているのに、野放しでいいのか？

高校は義務教育ではない。教員間の不満は山のように積み重なり、膨れ上がっていった。しかし、その対極に、何とか龍輝が興味を引く授業を組み立ててみようとか、分からないことを素直に言えないのではないだろうか、声をかけて仲良くなってみよう、褒めてあげられるところはないかと考え、あの手この手を駆使して龍輝に一生懸命対応している教員もいた。

龍輝が暴れるたびに私が呼び出されることが当たり前のようになり、自分の授業に穴を開けることも多くなった。こんなことをしていてよいのだろうか、と思う自分もいた。生徒のほうの勘が鋭く、時には躊躇する私の心を見抜き、「先生！　早く行ってあげて。でないと、龍輝がまた、特指（特別指導）になっちゃうよ！」と急かされもした。

いったい私は何をしているんだろう……と思いつつ現場へ走る。学年の教員たち、担任の手には負えなくなった「怪獣」がそこにいる。「怪獣」の仲間が増えているようで増えていないような、仲間というよりは上下関係なのか、よく分からない。確かなことは、「怪獣」は傷ついているという事実である。

私には、「怪獣」はいつも泣いているようにしか見えなかった。傷ついて泣きわめいているようにしか見えないのはどうしてなのだろうか。モノを投げてはくるが、私に当たらないように投げているのは偶然なんだろうか。「来るな！」と言いつつも走って逃げないのは、捕まえられるのを待っているということなのだろうか。

「どうしたのよ!?　とりあえず話をしよう。ちゃんと全部聞くから！」

一度合った目は絶対に逸らさず、ゆっくり近づき、そして腕を捕まえ、時には肩を抱え、別室へと連れてゆく。やっぱり逃げない。待っていたんだね。また、傷ついたのね。今度は、何に傷ついたの？　辛かったね。何が分からなかったの？　と心の中で話しかけながらも、実際は無言で背中をさすると、目つきや表情が「怪獣」から元に戻っている様子がよく分かった。ただ、今回ばかりは「怪獣」の傷が大きく、もちこたえられないかもしれない、と感じた。

籠を飛び出した怪獣

予感どおり、龍輝は次の日から不登校となった。

中学時代から仲間であった清水聖夜は、毎日、龍輝に「学校に行こう」、「学校に来いよ」と連絡し、「今日もダメだった」と私に報告に来るというのが日課になった。聖夜自身も複雑な家庭環境で、親子関係も複雑であったが、どうしたら龍輝が学校に来るのかと、自分のことのように教科準備室に毎日相談に来ていた。

聖夜は中学時代から龍輝とつるみ、龍輝の家族とも仲がよく、何よりも龍輝をよく理解していた。高校入学後は喫煙が理由で何度も特別指導に入っていた。担任の女性教員をからかい、指導に従わないということは多々あったが、家庭訪問に訪れた教員にお茶を出してくれたり、妹が優秀で、フルートが吹けることを自慢するという優しい一面をもっていた。自らが事件やもめ事を起こすということはなく、龍輝が暴走したときの「止め役」であった。

ある日、ボスであるぼうず校長に呼ばれた。

「市川龍輝をこれ以上残すのは厳しいだろう。保護者を説得できるのはナミコ先生しかいない。退学する方向で保護者を説得してくれ」

「？？？　何をどう説得しろと？？？　とことん面倒を見るのではないのですか?!　学校から追い出す話を私がするのですか?!　嫌です。そんなに追い出したいなら、学年、担任、管理職がやればいいじゃないですか。これまで、『とことん面倒を見て、何とか進級にもっていけ』と言っていたのに、どうしてですか？　意味が分かりません。私は話しませんよ。絶対に嫌です！」

このとき、心底、管理職なんて信じるものではないと腹が立った。結局は切るのかよ!?　と頭に来て、目の前のぼうずを殴り倒す寸前であった。あれほどまで怒り心頭になり、ぶちのめしたいという衝動に駆られたことはない。きっと、これからもないと思う。

そのあと、くそぼうずに延々と話をされたことは記憶に残っているが、内容はまったく覚えていない。ただ、「龍輝は籠の鳥にはなれないだろう。籠の外に出したあとでもやれることはあるんじゃないか？」と言われたことだけは頭に残った。私は、龍輝を籠に閉じ込めようとしていただけなのか？　学校は籠で、龍輝には苦しく、いらないものなのか？　学校っていったい何だ？

自分がかかわってきたことすべてを否定されたように感じ、思考回路が止まってしまった。

結局、私は学年主任とともに龍輝のお母さんと話をした。お母さんは、何よりも龍輝の高校生活の存続を望んでいた。母としての願いを聞けば聞くほど辛くなり、お母さんよりも先に私が泣いていた。

「お母さん、もう龍輝を籠の中から出してあげましょう。外の世界、頑張れる場所に送り出してやりましょう。このままでは、本人が一番苦しいだけです」

心がちぎれて、ボロボロになった。教員なんて辞めようと思った。結局、何もしてあげられることはなかった。教わったことはたくさんあったけど、結局、何も教えることができなかった。お父さん、お母さん、龍輝、本当に申し訳ない。教員なんて、学校なんて、結局、口だけでした。個人に寄り添い、とことん指導するなんて嘘でした。本当にごめんなさい――と、心で叫びながら口では退学の説得をしていた。そして、最後にはお母さんも泣きながら納得してくれた。

ずっと二人で泣いていた。これからも、お母さんは「お母さん」をやめることはできない。せめて学校という場所で親以外の大人とかかわることで成長を支えてやりたいと思っていたのに、私にはその力がないことを思い知らされた。もう教員は続けられない、と思った。

数日後、龍輝は晴れやかに、何か吹っ切れたような顔で学校にやって来た。「こもり～、来た！」と、いつものように登校し、荷物を取りに来たのだ。久しぶりの再会に嬉しくなったが、これで最後かと涙が出そうだった。しかし、あまりにもすっきりしている龍輝の前で泣くのも悔しいので、「あんたは、最後まで先生と呼べないのかね、まったく。いい加減、成長しろ！」と言って出迎えた。

最後には、あれだけ嫌い、反抗していた担任と握手をし、校門のところで写真まで撮っていた。少し離れたところでお父さんとお母さんが待っていて、深々と頭を下げられた。

本当に何もしてやれなかった。お父さん、お母さん、力不足で申し訳ありませんでした――と心の中で謝罪し、頭を下げたら上げられなくなってしまい、龍輝に「こもり～何やってんの？」と笑われてしまった。人の気も知らないで……このクソガキ！

「何か話したいことがあったら、いつでも連絡してきていいからね」

このときに撮った写真は、今でも大事に保存している。

ドロップアウトの軌跡

数か月後、龍輝から連絡があった。

龍輝　先生、俺ってバカなのかなぁ？
ナミコ　なんかあったの？
龍輝　棟梁《とうりょう》に説明されても、言葉の意味が分かんねぇ。
ナミコ　分かるまで教えてください、って言ったほうがいいね。仕事だからね。
龍輝　そうする～。

そして、数日後。

龍輝　先生、棟梁は教えてくれるようになったけど、先輩に殴られた。
ナミコ　えっ⁈　なんで？
龍輝　仕事のミスをするから。
ナミコ　えー！　それ、棟梁は知ってるの？
龍輝　知らない。けど、言わない。
ナミコ　なんで？
龍輝　だって、理解できない俺が悪いんでしょ。
ナミコ　えぇ～？　ちゃんと教えてもらえているの？
龍輝　もらってるよ。でも、俺が覚えないし、すぐ忘れるからダメなんだよ。だけど、俺ね、やり返してないから。殴られてもやり返してないよ。

ナミコ　素晴らしい！　えらい！　明日も頑張れ！

再び、数日後。

龍　輝　先生、イライラするのが抑えられないんだよ。家に帰っても、寝てもダメなんだ。

ナミコ　暴れたくなる？

龍　輝　うん。イライラして壁を殴ったら、壁に穴が開いて手をケガした。

ナミコ　それはアホすぎだろ。

龍　輝　俺もそう思った。

さらに、数日後。

龍　輝　先生、俺、精神安定剤もらいに病院に行ってきた。

ナミコ　よく病院に行ったじゃない。

龍　輝　だって、前に施設にいたとき、診察行ってたし。

ナミコ　過去の経験が活かされてるってことだよね、えらいよ。成長してる。お母さん、このこと知ってる？

龍　輝　言ってない。
ナミコ　話しておいたほうがいいよ。
龍　輝　分かった。
（分かったと言っただけで話すと言ったわけではない。きっと、お母さんにも話さないだろう。）

　私はお母さんにメールを送ることにした。
——本人の机の上を確認してください。精神安定剤をもらってきたようです。話を聞いてみてください。

　数日後、お母さんから返信が送られてきた。
——ありました。しばらく注意して様子を見ます。退学したのに、いつまでもすみません。

　さらに一か月ほど経ったある日、龍輝からまた連絡があった。
龍　輝　先生、俺今日、仕事で褒められた！
ナミコ　すごいじゃん！　えらいね！　また頑張れるね！

ところが、数日後。

龍　輝　先生、俺、仕事辞めた。

ナミコ　えぇ？　なんで？　この間、褒められたって言ってたのに？

龍　輝　俺に向いてない。

ナミコ　そうかぁ……次のこと考えようね。

そして、また一か月後。

龍　輝　先生、俺今度○○で働くことになった。

ナミコ　お～素晴らしい！　頑張っていこう！

しかし、数日後。

龍　輝　先生、また仕事辞めちゃった。

ナミコ　あらら～、なんで？

龍　輝　バカにされるから……俺、漢字読めねえし。

ナミコ　漢字の勉強をするしかないね。

龍　輝　俺もそう思う。でも、無理。教えてくれる人いないもん。

こんなやり取りを繰り返していたが、ある日、龍輝のことを心配していた清水聖夜から連絡が入った。
「先生、龍輝がさ、多分やばい仕事してる。最近羽振りがよくて、話を聞くとやばい気がすんだよ。どうしたらいい？」
「やばいって？」
「犯罪……」

当時、あちこちで被害が出ていたオレオレ詐欺。龍輝はその「受け子」をやり、そこから少し昇格し、「指示役」もやっていたようだ。そして、受け子には、やはり高校を中途退学した連中を使っているという。

そして、龍輝は逮捕された。オレオレ詐欺グループの一員として……。

進路変更という名の退学後、社会の壁にぶち当たり、勉強する意味を知ったものの周りには勉強を教えてくれる人がおらず、自身の特性に悩み、歯車がずれていった。龍輝のような子どもがたくさんいる。そして、その多くが見捨てられているように思える。全員に対処することはできないだろうが、一人でも多くの子どもたちに意識を向けていきたい。どこまで付き合いきれるか、これは教師に託されている矜持《きょうじ》であろう。

　数か月後、龍輝から連絡が入った。

「先生～。昨日、出てきた。俺、これからはちゃんと真面目に生きる」

「面会に行こうとしたんだけど、家族じゃないからダメだった。お母さんも許可してくれて、あちらに話してくれたんだけど、うまくいかなったんだ。行けなくてごめん。これから、これから。ここからまた頑張っていこうね」

　龍輝とは、今でも連絡を取っている。

　今は家庭をもち、子どもも生まれ、父親となり、奥様と我が子のためにと一生懸命働いている。

「我が子が可愛すぎて、仕事場と家庭の往復で遊びに行く気にはならない」とも言っていた。

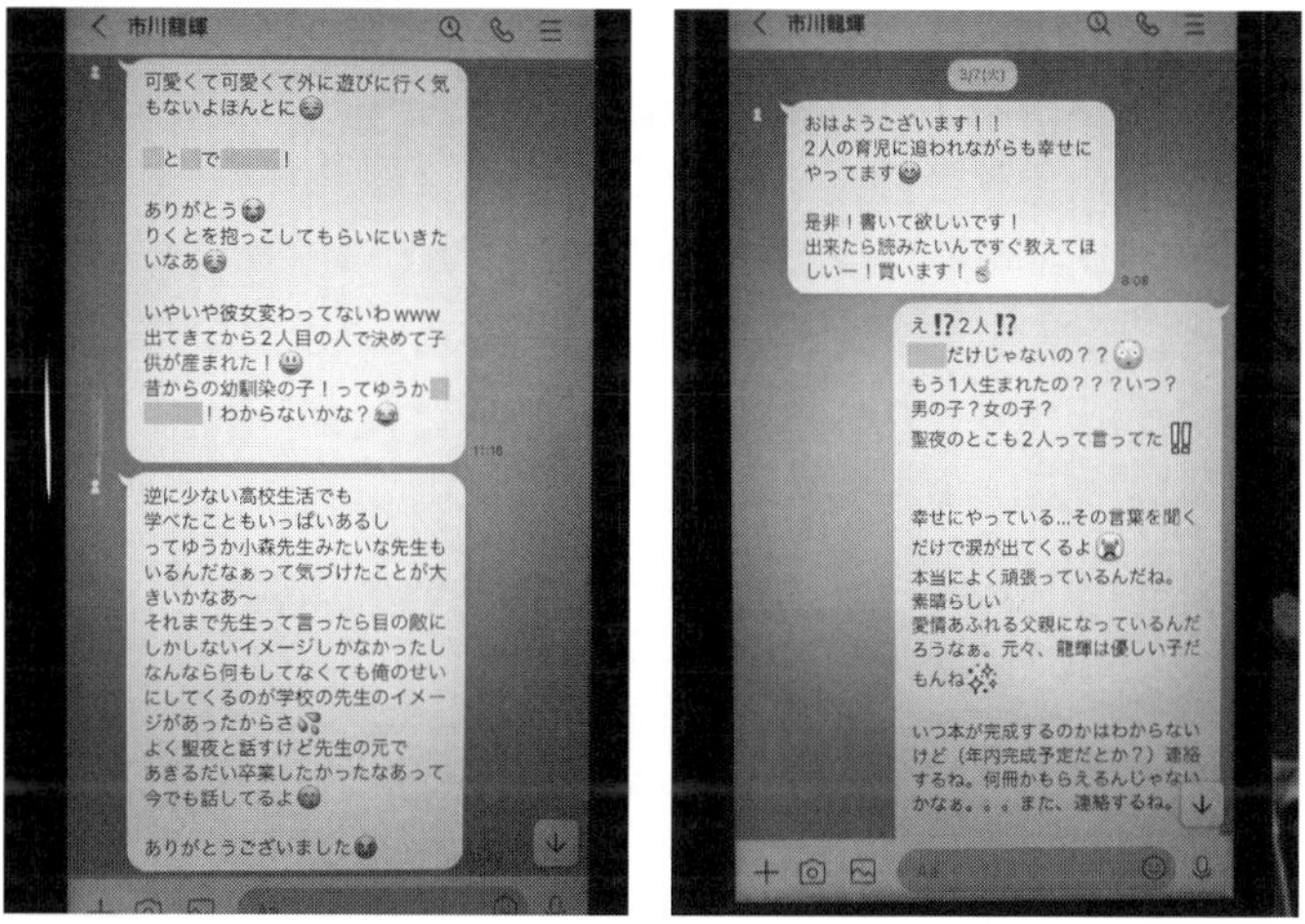

龍輝とのライン

家族の愛情を受けて育ってきた龍輝もまた、家族を愛する父親になった。もう大丈夫、心配する必要はない。今度こそ、自分の道を自分自身でしっかりと歩いているので、お節介を焼く必要もないだろう。環境次第で人は変わるということを、またしても龍輝から教わった。

戒めのメッセージ

ここで紹介するのは、私が大切に保存している龍輝と聖夜からのメッセージである。戒めとして、大切に保存している。

龍輝の言葉

少ない高校生活でも学べたこともいっぱいあるし、ってゆうか、こもり先生みたいな先生もいるんだなぁって気づけたことが大きいかな〜。こもり先生みたいな先生がみんなだったら、俺の人生も多分変わってたな。それまで、先生って言ったら俺のこと、目の敵にしかしないイメージしかなかったし、何もしてなくても俺のせいにしてくるというのが学校の先生というイメージがあったからさ。

よく聖夜と話すけど、先生のもとで高校を卒業したかったなあって。

――今でも話してるよ。ありがとうございました。

聖夜の言葉

こもりのことだから、俺とか龍輝なんかよりもやべえ奴を見てきてると思うけど、今でも思ってくれてたのは嬉しいよ。今になって高校辞めなきゃよかったって、めっちゃ後悔してるよ……。

龍輝や聖夜から教わったこと

「おい」から「名前の呼び捨て」に変わり、「先生」と呼ばれるようになるまでを振り返ると、次のようなことが頭に浮かんだ。

・「困った生徒」は、困っていることを伝えられない。
・「困った生徒」は、困っていることに気が付くのに壁がある。
・「困った生徒」が困ったときに話せる人がいれば変われる……かもしれない。
・「困った生徒」だって成長する。大人になる。親になる。

教員に対してよい印象をもっていない子どもは、入学したからといって「先生」と呼ぶことはない。ちょっと昔の「先公」なんて、すでに死語となっている。いったい「先生」ってなんだろう。どんな人が「先生」と呼ばれる人なんだろうか。ここで紹介したような生徒が「先生」と呼ぶ人は、いったい何をしてあげられる人なんだろうか、と思うことが多かった。

「おい！」、「おまえ」、「こもり！」、「せんせい」、「こもり先生」

呼び名の一つ一つが、彼らとの信頼関係の「物差し」になるということをまったく知らなかった。彼らが教えてくれた大切なことである。彼らから教えてもらうことのほうが多くて、知れば知るほど苦しくなり、切なくなり、無力感に苛まれ、何をしてあげられるのか、また、何をしてあげられたのか、と自問自答している。何年も「先生」をしているのだが、何をしたのか、何ができたのか、やはり分からない。毎日、全力。いっぱい、いっぱいだった。

赴任してから一五年になる学校生活を振り返っても、「これだ！」と言えるものがなかなか出てこない。生徒対応で困ったとき、「もしかしたら？」と考えるとき、いつも過去の彼らを思い出し、この場合はこうだった、あのときはこうしたなど、彼らが望んでいたことを今に当てはめている。結局、今でも彼らから教えてもらっているのだ。

日々現場で闘い続けて、ボロボロになるのはこっちだけ、と思っていた。しかし、それはおごりであった。本当は、彼らも傷ついていたのだ。私たちよりも、「せんせい」とか「がっこう」という存在に、何年も何年も傷つけられていた。傷が癒える間もないほどボロボロに、ズタズタにされ、本当の気持ちを言えなくしていたのは、「がっこう」の「せんせい」が長年にわたって行ってきた結果なのかもしれない。

このことが分かったとき（いや、分かってないな）、そうなのかもしれないなと疑問をもったときから、何かがつながったような気がした。言葉ではうまく言い表せない、感覚的なものである。それ以来、彼らの言葉は、発するものとは違って聞こえるようになった。たとえば、以下のように。

・「**うるせえ！**」――面倒くさい、図星だから逃げたい、少し時間をくれ。

・「**くんじゃねーよ！**」――ちょっと待って、話を聞いて欲しいんだけど。

・「**ふざけんじゃねーよ！**」――なんで分かってくれないんだよ。気持ちに寄り添って欲しいのに。

・**椅子をぶん投げ、机を蹴り倒し、大暴れしているとき**（でも、決して人に向かって投げつけない）――なんでだよっ！　もう嫌だ！　傷つきたくない。やめてくれ。誰か助けて。辛い、苦しい。

・**人に向かって投げてくるとき**――自身の心を守るための防衛反応で、完全に感情がキレている。

彼らは、自分の気持ちを素直に表すことができない。複雑な思いを表現する言葉を知らないし、うまく伝えられない。そして、素直になるというのは弱い部分を見せることになるから格好が悪い、と考えてしまう。

とはいえ、たまには素直になって言葉を発することもある。だけど、傷つけられてきたという嫌な過去があるから、「せんせい」や「がっこう」を信頼しない。なぜなら、どうせまた傷つけられるし、裏切られることになるから……。

何度も授業を抜け出す。教室にいるときは寝ている。起こすと怒るし、暴言を吐く。だから、教員は起こさなくなる。その場にいるのに、「いない者」として扱ってしまう。本当は、彼らは相手にして欲しいのだ。相手にしてくれないから寝ているのだ。いたくないなら、そこにはいない。本当に寝ているのだろうか……寝たふりなのかもしれない。

――「せんせい」は、声をかけて起こすぞ。暴言を吐くのは、こっちの様子を見ているからだろう。言ってみれば、小さな子どもが駄々をこねているだけだよね。

――とりあえず、授業、私の話を聞いてよ。分からないなら「分からない」と言っていいよ。言わなきゃ伝わらないんだよ。勇気を出して、声を出せ！　言葉を探せ！　全部聞く。

そして、言葉を覚えよう！　でも、ダメなことはダメだから。譲れないものは譲らないから。

それは、みんなも同じでしょ。

「困った生徒」に向き合おうとする教員は、「怠惰」という言葉を使わない。「怠惰」という言葉が、自分自身の教員としての力のなさを露呈するものだと分かっているからだ。日々、困った子どもたちに向き合う仲間、同志として、「怠惰」という言葉を使う教員のことを心から信頼することはできなかった。ただでさえ多い敵のなか、「本当の味方は誰なのか？」と、すべてが疑心暗鬼になることもあった。でも、今思うと、「敵」は社会の風潮や昔から変わらない学校教育体制であり、個人の問題ではなかったように思う。

教員を辞めようと思ったのに、まだ続けている私は何て半端者なんだろう。ただ続けているだけで何ができるのか、何をしたいのかも分からない。私自身が自分のことをよく分からないくせに、よくもまあ、彼らに「自分のことを受け止めて」なんて言えたものだと思う。

環境次第で障がい（壁）は障がい（壁）でなくなる。子どもたちの成長スピードはそれぞれまったく違うけど、絶対にみんな成長する。そして、幸せになる権利をみんなもっている。みんな、ここまで生きてきたことがえらい！　頑張っている！　頑張っている自分を褒めて、認めて、成長した姿を見せてくれてありがとね。

何も教えることができなかった彼らに、今、私が救われている。彼らはこれからもっと幸せになる、と私は信じてる。私も頑張んなきゃな！　あ〜、結局、私は教員を辞めないんだ。そうか、これからも仲間や同志を探し続けることが私にやれることなのかもしれない。また、教えられた。

前述したように、やんちゃだった龍輝と聖夜も立派な父親になっている。そんな彼らが、今も近況報告をしてくれる。私は、何と幸せ者であろうか。彼らの今を、あのころの私たちが想像できていれば、彼らの人生はまったく違ったものになっていただろう。「進路変更」という名の退学は人生を変えてしまうことになると、私たち「せんせい」は肝に銘じておかなければならない。

今、頑張っている彼らの過去を本書で引っ張り出すことに、彼らが嫌な思いをするのではないかと私は心配になり、何度か連絡（ライン）をした。それに対して、龍輝から返信があった。

——俺の過去は変えられるものではないし、その経験を経ての今の自分だし、その上で何をするかを今は大事にしているからその辺は大丈夫かな。

これを読んだとき、あぁ、もう大丈夫。本当に大人になったなぁ、と感動するとともに泣けてしまった。だからこそ、やっぱり卒業させたかった、と改めて後悔した。

第３章 マミ先生と「困った生徒」の物語

マミ先生とは、かつて愚禿《ぐとく》が工業高校の教員をやっていたときに、同じ学年で担任を組んでいた教員である。暴走族が跋扈《ばっこ》するころの荒れた生徒を相手にしての「マミ姉ちゃん流」の生徒指導は新鮮であったが、男尊女卑が当たり前という工業高校の男性教員からはよくバッシングを受けていた。

会議でマミ教諭が斬新な意見を提案すると、工業科の教員からは全否定されたが、同じことを愚禿が提案すると賛同を得られた。マミ先生にとって、「困っていた」のは生徒ではなく、教員だったのかもしれない。

＊＊＊＊

一九八七（昭和六二）年に東京都立高校の教員となり、勤務しはじめた学校はドラマに出てくるような高校だった。

教室の窓の横までバイクで乗りつけてくる生徒がいるかと思えば、自転車で廊下を走っている生徒がいた。板書していると、当たり前のように消しゴムが飛んでくる。そして、放課後になると、学校の裏にある河原で決闘がはじまっていた。

もちろん、警察署からもよく連絡が入った。街なかでの万引きや喫煙というのは当たり前だったが、凶器準備集合罪で捕まったという連絡が入ったときはさすがに驚いた。いったい、彼らは何をやったのか？　話を聞くと、隣りの街にある高校に殴り込みに行くためにバットや木刀を持ってみんなで電車に乗ろうとしたところ、「改札口で止められた」ということであった。それにしても、なぜ電車で行こうとしたのか……。

担任たちが警察署まで引き取りに行った。職員室に連れてこられた彼らは、二か月前まで中学生であった。体もさほど大きくなく、かわいらしい子どもたちである。愛しい不良たちとの奮闘がこの日からはじまった。

昔の高校生

ヤベちゃん

公立中学校から進学高校と言われている女子高を卒業し、美術大学に入学したというのが私の経歴である。中学では不良の真似事もしてみたが、母親の泣く姿を見て、真面目に勉強をするふりをすることにした。

高校では、目立つわけでもなく、目立たなくもなく、普通に受験生としての三年間を過ごし、美大に進学した。美大というと、とんでもない変人の集まりのようなイメージをもたれるだろうが（事実、そういう人もいる）、大半は普通の人たちである。いたって普通の家庭で育ち、普通の人生を歩んできた私にとって、勤務地となった高校は異次元の世界で、毎日がカルチャーショックの連続であった。

一番驚いたのは、生徒と教員の距離感であった。私が高校生のときは、自ら教員に話しかけるということはなかったように思う。大抵の場合、呼ばれても職員室には行かなかった。何と、「用事があるならお前らが来い」と思っていたぐらいである。

三度目の呼び出しで仕方なく職員室に出向くと、まずは、なぜ一度目で来なかったかと長々説教をされた。心の中で、「やっぱり、こいつら嫌いだな」と私はつぶやいていた。

しかし、勤務校の生徒はまったく違っていた。私が教員になったのは二〇代後半であったが、生徒からすれば単に若い女性教員でしかない。すぐに、名前を「ちゃん付け」で呼ばれるようになった。「おはよう」と挨拶をされるとき、腕を組まれたり、肩を抱かれたりもしたが、このような光景、最近ではあまり見られない。

とくに、教員になりたいと思っていたわけではない。自分の高校時代しか知らないわけだから、高校の教員とは、教科をちゃんと教えてくれて、志望大学に入れてくれればそれでよい、という存在でしかなかった。

しかし、勤務校では、大半の生徒が進学をせず、授業すらちゃんと受けないという生徒が多かった。となると、彼らにとって教員とはどのような存在になるのだろうか。教員の仕事って何だろうか？　このような疑問を抱いたが、教育に対する理念をさほどもちあわせていなかった私は、日常的に起こる小さい事件や大きい出来事に追われ、ひたすら生徒と話をすることにした。

時には、生徒の震える手を握りながら、家庭の事情を聞いたこともある。生徒と抱き合いながら喜んだこともある。気付けば、生徒との距離が非常に近いところに私はたたずんでいた。

そういえば数年前、受験の話をしつつ、励ますために生徒の肩をさすりながら「頑張れよ！」と言って握手をした教員が教育委員会から注意を受け、担任から外されていた。その生徒は、生理的にその教員が嫌いで、セクハラと感じた、と言っていた。

今は、私もあまり生徒に触らないようにしているし、若い教員にも、「むやみに生徒に触れないように」と注意をしている。そう、世論的には、生徒と親身に話すときでも、わざわざ触る必要はないだろうということになっている。

そう考えると、よい時代に教員になれたと思う。前述したようなかかわり方をしてきたから、今でも付き合いが続いている生徒たちがいる。


高校生だったとき、とにかく勉強をさせられた。予習をしていかなかっただけで怒られた。定期考査（定期テスト）でしくじってしまうと、まるで犯罪者かのように生徒相談室に入れられ、「なぜこんな点を取ったのか！」と責められた。理由はヤマがはずれただけなのだが、ヤマを張って勉強したという事実を明かすわけにはいかなかったので、「次回は頑張る」と約束させられたのちに解放された。

そんな日々の連続であったが、学校に行きたくないとかやめたいと思ったことは一度もない。私にとっては、学校というものは行くもので、ほかの選択肢が一切なかった。

しかし、勤務校では、「学校をやめたい」と言ってくる生徒がよくいた。最初は、「やめたい」などと担任に言ってくるわけだから、かなり覚悟を決め、のっぴきならない理由があるのだろうと思って「退学届」を準備していた。とはいえ、とりあえずその理由を尋ねてみた。「どうして?」と聞くと、「別に理由はない……」と答えていた。私には、まったく理解できなかった。

理由がないのに、なぜやめなければならないのか! 経済的な理由か、いじめでなければやめる理由がない。しかし、いろいろと話をすると分かり出した。生徒は話をしたかったのだ。大きな問題を抱えているわけではないが、小さな悩みがいくつもあり、親ではない大人に聞いて欲しかっただけなのだ。

小さな悩みでも、それがいくつも重なれば、いつかはパンクしてしまう。つまり、「学校をやめたい」は、私に向けたSOSなのだと思うようになった。そして、話を聞いたうえでの私の「締めの言葉」は、「特別な理由がないなら学校を続けたら。たかが高校、されど高校」であった。そう、「やめたい」と言ってくる子どもは問題ないのだ。その一方で、何も言えない子どもがいる……。

あるとき、いつも窓際の一番前の席に座り、まじめに授業を受けているヤベちゃんの様子を見ていたところ、ちょっと違和感を抱いた。ヤベちゃんは、何でも「普通」にこなす女子生徒であった。そんなヤベちゃんが、授業中に何もしないことが目立つようになったのだ。

放課後に呼び出して話をしたが、もともと無口なヤベちゃんは何も言わなかった。様子を見ていくしかないと判断した私は、「まあ、じゃあ今日は……」と終わりにしようとしたとき、ヤベちゃんが絞り出すような声で「やめたい……」とつぶやいた。

そのとき、ショートカットだが、いつも耳を隠していたヤベちゃんの左耳が見えた。窓際に座っていたから気付かなかったのか、一瞬では数えられないほどのピアスが刺さっていた。この学校でピアスをしているくらいで驚くことはないが、あまりの数にびっくりしてしまった。軟骨のところにまで、いくつもが並んで刺さっていた。そして、耳たぶには、向こうの景色が見えるほどの穴が開いていた。

「やめたい」という重大な言葉に対するリアクションよりも先に私は、「ピアス、すごいね」と言ってしまった。ヤベちゃんは、「あっ、すいません」と言いながら髪で耳を隠した。

一応、「装飾品は禁止」という校則があったが、当時、ピアスをしてくる生徒はそれほどいなかった。とにかく、私にとっては左耳の衝撃が強かったので、しばらくはピアスに対する質問大会になってしまった。

「いくつついてるの？」、「自分で開けたの？」、「軟骨のところ痛くないの？」、「耳たぶの穴、どうやって開けるの？」、「耳、ちぎれない？」、「お母さん、知っているの？」

くだらない私の質問攻めに、ヤベちゃんの表情が少し和らいだように思えた。

「お母さんも知っているよ。本当はピアスだけじゃなく、リングも好き。いつかは、自分がデザインしたピアスやリングをつけてみたい」と話してくれた。

よいキーワードが出たと思い、私は「ジュエリーの専門学校があるから、進路はそこに決めよう。目的がもてたからもう大丈夫」などと言って、これで少しは頑張れるのではないかと思っていた矢先、ヤベちゃんの母親から電話があり、「話をしたい」とのことだった。

すぐに学校に来てもらって話を聞くと、家庭でも「学校をやめたい」と言っているという。理由は、ない。私と話したことは本人から聞いており、「卒業後はジュエリーの専門学校に入学させる」とも言っている。

学校には特別仲のよい友達はいないが、母親が言うところによると、小さいときから特別な友人をつくろうとしなかったし、欲しいとも思っていなかったと言う。だからといって学校に友人がいないわけでもなく、孤立しているわけでもない。必要なときには人の輪に入っていた。

母親は、「とにかく高校くらいは卒業して欲しいから、先生もそのつもりでいてください」と言って帰っていった。

三年生の一学期、中間考査が終わったころにも、私と母親が「あと少し黙って座っていれば卒業できるし、とにかくやめる必要はないだろう」と話したほか、本人を交えて、「進路はジュエリーの専門学校に決め、頑張りましょう」と話し、ヤベちゃんの「学校やめたい事件」は終わったと、私と母親は思っていた。

二週間ほど経ったとき、ある生徒が、「先生、ヤベちゃんがいないんですけど」と伝えに来た。荷物もあり、靴も下駄箱にあるので帰宅はしていないはずだ。伝えに来た生徒を教室に戻し、数人の教員とともに学校中を探し回った。トイレも全部見た。しかし、いない！　恐る恐る窓の下まで見たが、ヤベちゃんの姿はなかった。

靴は確かにあったが、上履きのまま外に出ることも考えられると思い、学校の外を探しに行こうと教員用の下駄箱に向かったとき、事務室の外にある公衆電話の横、ほんの小さな隙間にヤベちゃんがうずくまっていた。

そっと、私は小さな声で「ヤベちゃん」と声をかけた。

ヤベちゃんが顔を上げた。ヤベちゃんの顔を見たとき、私はぞっとした。人がする表情に見えなかったのだ。

ヤベちゃんを公衆電話の隙間から出し、私のデザイン科の準備室に招いてお茶を入れ、「待つように」と告げたあと、母親に電話をした。

「お母さん、限界かも……」

とても短い時間であったが、私と母親は同時に高校をやめさせる決断を下した。

私は母親に、「これ以上、ヤベちゃんに学校を続けさせることは無理ではないか」と告げた。

これまで、単にヤベちゃんの気分が沈んでいて、学校をやめたいと言い出しているのは一時的なことであり、時間が解決するものだと二人とも思っていた。しかし、私たちは、高校をやめさせる決断を下した。

母親が数十分でやって来た。母親は、うつむいているヤベちゃんの肩に手を置き、「学校、やめていいよ」と優しく言った。ヤベちゃんは顔を上げて、私を見た。私はちょっとだけ微笑み、三回ほど小さくうなずいた。その瞬間、ヤベちゃんの「氷」が解けはじめた。

一週間後、ヤベちゃんは母親とともに「退学届」を持ってやって来た。ヤベちゃんはド金髪になっているだけでなく、左側の髪が刈り上がっているためピアスがはっきりと見えた。服装も、ダメージジーンズに革ジャンという出で立ちで、正直なところ驚いた。

二泊三日で京都へ家族旅行に行ったと、楽しそうに話してくれたし、「お土産です」と八つ橋を置いていった。入学してから三年、初めてヤベちゃんという子どもに会ったような気がした。

その後、ヤベちゃんは通信制高校で単位を取り、ジュエリーの専門学校に入り、頑張っているという連絡が母親から届いたが、それ以降は連絡がない。現在もどこかで、ジュエリーをつくっていればいいなあと願っている。きっとヤベちゃんには、自分の進むべき道が見えていたのかもしれない。この高校ではつながらない別の道が……。「たかが高校、されど高校」、いや「たかが高校」という生徒もいるのだ、と知ることになった経験である。

宮川

年号が平成に変わり、世の中が少し落ち着いたころ、放課後になると私の視界に宮川が入るようになった。「何か用？」と尋ねると、「なんでもない」と言って立ち去る日が何日か続いた。

宮川というのは、一年生のときに担任で受け持った生徒で、二年のクラス替えで隣のクラスの生徒になっていた。ヘラヘラしているが、男子の中心にいるというタイプの生徒であった。成績はあまりよくなかったが、甘いマスクをしており、応援団長をやったりしているので多少人気があった。とはいえ、私から見ると非常に危なっかしい生徒だった。そんな宮川の不審な行動が気になったので、捕まえてじっくり話を聞くことにした。

「なんか、あったの？」と尋ねると、「最近、かっちゃん、変じゃない？」と言った。まちがいなく何かが起こっている、と察した。

「かっちゃん」というのは私のクラスの生徒で、宮川と同じ中学を卒業していることもあって二人は仲良くしていた。宮川ほど目立つことはなく、小柄で、宮川の後ろでいつもニコニコしているという優しい生徒であった。

勉強のほうは、宮川と同じくあまりできず、進級できるかどうかとヒヤヒヤものであった。そういえば、その日、かっちゃんは欠席をしていた。

宮川に「全部素直に話しなさい」と、ドラマに出てくる女刑事のように私は演技っぽく言ってみた。すると、予想外の言葉が口から出てきた。

「かっちゃん、トルエンにハマっちゃった」

事実、トルエンやシンナーを校内で吸って、生徒指導部に連れていかれ、指導を受けていた生徒がいた。中毒になって学校をやめた生徒もいると聞いていたが、そんな生徒たちは、見た感じからして「不良」と呼ばれる生徒ばかりであった。私の受け持っている学科では、そのような生徒が少ない……はずだった。

頭の中で、どうするんだっけなあ、と思いながら、まずは宮川から詳しく話を聞くことにした。宮川の話によると、かっちゃんは悪い友達にトルエンをすすめられ、はじめたらやめられなくなって親にバレ、今、大変な状況になっているということだった。

私に話したのは、かっちゃんを助けて欲しい、ということであった。しかし、誰がどう聞いても、その悪い友達は宮川で、責任を感じ、懺悔のつもりで私に告白しているという図式が成立する。それは、宮川の態度や表情から見ても明らかであった。

まずは、かっちゃんにしろ、宮川にしろ、今吸っているのならそれをやめさせなければならない。ここで宮川を攻めるよりは食い止めるほうが重大だと思った私は、「宮川は吸ったことがないの？」と尋ねた。ちょっと間を置いてから、「中学のとき、一度……」と宮川が答えた。

「かっちゃんは、そのときから？」

「そのときは、かっちゃんはやっていない」

自分も「そのときだけだ」と言っているが、そのころから、宮川は時々吸引していたのではないかと推測できた。自分はそれなりにコントロールできたが、最近すすめたかっちゃんは、それができずに乱用している——そんな感じであろう。

「宮川は絶対にやらないでね。二人で、かっちゃんを助けよう！」と言って、何とか宮川に「釘を刺した」と信じ、かっちゃんをどうするべきかと経験のある教員に話をしていたとき、かっちゃんの母親から電話が入った。「すぐに来て欲しい」とのことだった。

すぐに私は車で向かった。

かっちゃんの父親は、石彫の職人だった。家に着くと、仕事場の土間に栄養ドリンクの茶色瓶が割れて転がっていた。割れている瓶の横には、這いつくばっているかっちゃんがいた。そして、その様子を見て泣いている母親と、すべてに背を向けている父親がいた。

おそらく、かっちゃんが購入したトルエンを父親が地面に叩きつけたのだろう。割られた瓶から出たトルエンを、かっちゃんが這いつくばって吸っている。その光景を母親が泣きながら見ていた。

この光景、忘れることができない。当時、栄養ドリンクの瓶にトルエンやシンナーが入れられて売られていた。それが社会問題となったことで、オロナミンCは一九八六年にスクリューキャップから現在の形であるマキシキャップに代わっている。

かつての「オロナミンC」

翌日、かっちゃんを学校に呼び、話を聞いていると、いきなり私の肩を払い出し、「先生、虫！」と叫んだ。

そのとき、あ～～、と思ってしまった。シンナーによる幻覚の一つに、虫が見える、と何かで読んだことがあったからだ。部屋の隅から虫が湧いてくるらしく、怪訝な顔をして見ていた。そんな顔を見て、初めて涙が出てきた。

すぐに母親を呼び、対処に詳しい教員が、相談できる病院や施設のパンフレットを渡していた。その後、かっちゃんはしばらくの間学校を休んでいたが、元気に復帰した。

クラスに戻ってきたかっちゃん、以前と変わらず無口だが、いつもニコニコとしていた。かっちゃんに「大丈夫？」と聞くと、にっこり笑って、大きくうなずいた。すっかり元のかっちゃんに戻っていたのを見て、何ともうれしかった。

後ろにいた宮川に対して、「いろいろありがとう。これからも、かっちゃんのこと気にしてあげてね」と伝えながら肩に手を置いて、二人に笑いかけていた。これで、しばらくは平和な日々が続くような気がしていた。

しかし、その予感は見事にはずれた。数週間後、また事件が起きたのだ。

かっちゃんが、登校時の喫煙行為で捕まった。駅のホーム内で喫煙しながら歩いているところを、偶然居合わせた教員が見つけたのだ。現行犯である。数人の友人が周りにいたという。喫煙行為があった場合、周囲にいた生徒も「喫煙同席」と言い、何かしらの指導を受けることになる。

しかし、かっちゃんは先頭を歩いていたため、後ろにいた友人たちは、かっちゃんが吸っていた事実に気付いていなかったということで指導されることはなかった。そのなかに、宮川もいた。ただ、かっちゃんの横にいた笠間君だけは「同席」の指導を受けてしまった。笠間君はタバコを吸わない子どもで、父親は警察官だった。

笠間君は、「喫煙している友人を注意できなかったのは同罪です。指導を受けます」と、私たちが望むような反省の言葉を述べ、三日間の自宅謹慎を受けた。

かなりあとで聞いた話だが、本当は、笠間君以外の全員がく
わ
え
タバコでホームを闊歩してい

たようだ。現在では考えられないような光景である。後方を歩いていた宮川が教員の姿をいち早く見つけ、「先生だ、捨てろ！」と指示を出したが、先頭を歩いていたかっちゃんにはその声が届かなかったらしい。そんな事情があったせいだろう、かっちゃんは笠間君に申し訳ないと、ずっと泣いていた。

今は、登校謹慎[1]が普通だが、当時は自宅謹慎だった。謹慎中には多くの課題が出され、反省文を書き、課題をちゃんとこなしたところで謹慎解除となる。目安として、喫煙初回は七日間だったように思う。

自宅謹慎の場合、担任は家庭訪問に行かなければならない。私は、かっちゃんのことがいろいろと心配だったので、毎日、家庭訪問に出向いた。三時半に学校を出て、かっちゃんの家に着くのは四時。私が着くと、かっちゃんは自分の部屋のコタツに入り、刑事ドラマの再放送を見ていた。コタツの上には出された課題が広がっていた。

部屋に入ってから私もコタツに入り、「課題進んだ?」と尋ねたが、無口なかっちゃんはあまりしゃべらない。課題も進んでいないようで、結局、刑事ドラマを一緒に見ていた。

そんな日が一週間ほど続いたとき、かっちゃんが「先生、俺、学校、やめたい……」と言ってきた。理由を尋ねると、「勉強がまったく分からない」と言う。

「かっちゃんだけじゃないよ。みんな、勉強できないよ。頑張れば大丈夫だよ」とは言ってみたが、一週間勉強を見てあげていて、正直、きついだろうなと感じた。
「やめたらどうするの？」と尋ねると、「家を手伝う」と答えた。

かっちゃんは退学した。その後、父親のもとで修業し、家業を継いでいる。父親が他界してからは、何と、かっちゃんは社長に就任していた。

ユカリ

かっちゃんがいなくなったころは、進路について考え出す時期でもあった。工業高校であったが、優秀ならＡＯ入試（総合型選抜）で大学に進学できる環境が整っていた。

成績優秀なユカリは大学受験を決めていた。私は不安を感じていたが、ユカリは「面接が怖いから」と言って、書類審査のみの大学を選んできた。三年間無遅刻無欠席で、評定平均もＡランクだった。しかし、当時は商業高校や工業高校は「職業高校」にくくられており、普通科の高校との差別がなかったとは言いきれない。それが理由なのか、ユカリは不合格だった。

（1）登校させるが授業には出さず、別室での謹慎となる状態。

まだ受験指導に慣れていなかった私は、自分の考えを強く言うことができなかった。最後には、「自分の進路だから自身で決めるべきだ」と言ったが、要するに、私に自信がなかっただけである。今思えば、どのような生徒よりも、ほんの少しだけ経験値は上であったのに……。

生徒は、進路を決める際においては本当に不安を感じている。このとき、それが分かった。私の進路に対する取り組みはここからはじまった。

結局、ユカリは専門学校に進んだ。テキスタイル系の学校に入り、メリアス工場の事務員となった。真面目なユカリは、それから二五年、そこで働き続けている。毎年、受験の時期になるとユカリを思い出す。もし、大学に入学していたらユカリの人生は変わっていたのではないだろうか……とも思う。だからといって、それが正解とは言えない。

卒業

それぞれが進路を決め、卒業していった。当時の卒業式では、みんなが泣き、教員と握手を交わしていた。なかには、「お礼だ」と言って、私にスコッチウィスキーのボトルを持ってきた生徒もいた。私はウィスキーボトルを手にしながら、「これは取っておくね。二〇歳になったら一緒に飲もう」と、自分に酔いながらそんな言葉を言っていた。と同時に、卒業させてあげられなかった生徒たちの顔を思い浮かべていた。

私は、宮川たちを卒業させてから産休と育休をとり、一年後に復帰したが、育児と仕事に追われる日々を過ごすことになった。四年が経ち、宮川が同窓会を企画してくれた。私は子どもを実家の母に預け、久しぶりにこの同窓会に参加した。

宮川は、家の左官業を継ぐため、関係する会社に勤めていた。私の右側に宮川が座り、左側にハルコがいた。ハルコというのは、ユカリの親友である。ハルコは高校を卒業し、保育の専門学校に進学して保育士になっていた。少しだけ大人になった彼らに酔いしれていたとき、母から「子どもが怪我をして、顔を数針縫っている」という連絡が入った。

なんで子どもは、母親が遊んでいるときを見計らって発熱したり、怪我をしたりするのだろうか。「申し訳ない」と言って、集まった生徒たちに別れを告げて私は家に帰った。

私が帰ったあと、席が詰まり、宮川とハルコが隣になったという。在学時代はほとんど話をしたことがなかった二人だが、これがきっかけとなって付き合いはじめ、結婚をしている。誰も言わないが、二人を結び付けたキューピットは私であると思っている。

宮川が家を建てた、子どもが生まれたなど、何かがあるたびに私を家に呼び、お酒を振る舞ってくれた。その横ではハルコが笑っている。その日は、ユカリとかっちゃんも遊びに来ていた。

ユカリは付き合っていた彼氏が事故で亡くなり、落ち込んだ時期もあったが、たびたび呼び出して二人でお酒を飲んでいた。ハルコからは毎年年賀状が届き、子育て大変、受験どうしよう、などといった相談にも乗っていた。にもかかわらず、二年ほど宮川家からも、ユカリからも連絡がなかった。忙しかったことも理由であるが、私はさほど気にも留めなかった。

そして、二〇二一年、久しぶりに宮川から連絡が入った。その連絡に私がはしゃいでいると、宮川がそっと、「先生、ハルちゃん、死んじゃった」と言う。「なんで……」と絞り出した私の言葉に宮川は、「サルコイドーシスという難病だったんだ」と答えた。

初めて耳にする病名であった。四七歳だった。三人の子どもを残し、どんなにか無念であったことだろう。これから先、宮川は一人で三人の子どもを育てられるのか。いろいろなことが頭をよぎったが、ただただ悲しくて泣いてしまった。

「先生ごめんね。お葬式に呼ばなくて……」と話す宮川の電話は、ハルコが亡くなってから一か月後のことである。私は気の利いたセリフ一つかけられず、出た言葉といえば、「宮川、元気が出たら『うかい竹亭』に連れていってあげる！」であった。あまりの情けなさに、また悲しくなってしまった。

すぐに、事情を聞くためにユカリに連絡をとった。「連絡あったんだ。私もまだ立ち直れない」とユカリは言う。しばらくはそっとしておくしかないと思い、「何かあったら連絡をしてね」と告げた。

　ハルコが亡くなって一年近くが経ったころ、ユカリから連絡が入った。

「先生、そろそろ宮川を『うかい竹亭』に連れていってあげてよ」

　ユカリには「うかい竹亭」の話をしていないはずなのに……。

　宮川は、子どもたちのために立ち直り、一生懸命家事をこなしながら子どもたちの面倒を見ているようだ。そして、「頑張っていたら、先生が『うかい竹亭』に連れていってくれるんだ！」と、何度もユカリに話していたらしい。また、私は泣いてしまった。

　宮川の予定に合わせる形でユカリに店の予約を頼み、かっちゃんも呼んで四人で豪勢にやろうという計画を立てた。しかし当日、かっちゃんが新型コロナにかかり、三人での宴となった。その日、たくさん泣いて、たくさん笑った。

　かっちゃんがリベンジしたいということで、数か月後にまた集まった。今度は高級焼き肉店だった。今回も張り切って、私はＡＴＭからお金を引き出し、会計に備えていた。食事も終わり、そっと会計に向かおうとしていた私をかっちゃんが追いかけてきた。

「先生、今日は俺が出します！」

　確かに、かっちゃんは高級車を乗り回しているほど羽振りがよかったが、私はかっちゃんにも負い目があるし、年齢も上だし、私が払うのは当然、というようなことを言うと、「俺に出させてください。俺が、今こうしていられるのは先生のおかげなんです」と言われてしまった。

なんで？　というのが正直な気持ちである。私は、かっちゃんを卒業させてあげられなかったのだ。守ってあげられなかったのだ。なのにかっちゃんは私に感謝し、私のおかげだと言っている。

「あのとき、一緒に毎日『あぶない刑事』を観て、話してくれたこと忘れません。ずっと、お礼が言いたくて……」と、かっちゃんは目に涙をためながら言っていた。

あのときに観たドラマは『あぶない刑事』（日本テレビ系）だったんだ。私はかっちゃんに、ドラマを見ながらいったい何を語ったんだろうか。三〇年経っても心に残るような名セリフを言ったのだろうか。

卒業生と会って思い出話をするとき、よく感じることがある。大抵の場合、かみ合わないのだ。私はいい仕事をしたと思っていることは、ほぼ生徒の印象には残っていない。しかし、私がまったく覚えていないどうでもいいひと言を、後生大事に覚えていてくれたりする。本当に、生徒と接するときは気が抜けない、と改めて感じてしまう。

第４章　愚禿《ぐとく》と「困った生徒」の柔道部物語

昔々、愚禿が顧問をしていた高校の柔道部がこれからはじまる物語の舞台となる。そのときに出会った「困った生徒」たちとの、時空を超えた波乱万丈の人生劇場の「はじまり」である。三〇年経っても、四〇年経っても昨日のことのように覚えているということは、その当時の出来事は、生徒にとっても教師にとっても、よほど理不尽なものであったにちがいない。そんな奇天烈な物語の幕を開けることにする。

第一話――俺より先に死んではいけない

柔道部ＯＢのハラが焼肉屋をはじめた。同じ柔道部ＯＢであるアヤベとゴトウとともに、開店祝いに行った。橋のたもとにある、ボロ屋を改修した店である。入り口がどこか分からない。裏に回ると、傾いた引き戸の奥に元気のないハラの姿が見えた。愚禿《ぐとく》の顔を見るなりハラが言った。

「先生、昨日、オヤジが亡くなりました」

「そうか、長い間闘病生活だったからな。大変だったな」

「明日、お通夜なんです。今日は休みにしようと思ったけど、先生が来るから店を開けました」

「そうか、無理に店を開けさせて悪かったな」

「大丈夫です。今日は貸し切りです。どんどん肉を焼いてください」

ハラを元気づけようと、OBたちと一緒に、その日はありったけの肉を注文して焼くことにした。七輪の上の排気ダストは、「お金がないので手づくりだ」とハラが言う。見てくれはいいが、ほとんど煙を吸わないと、変な自慢をしていた。これが、やがて大惨事を招くことになる。

腹いっぱい食べて、呑んでいい気分になったころで、アヤベが最後に残った肉の塊を七輪の網の上に一気に放り込んだ。脂身が多い肉だったのか、「ゴーッ」という音とともに七輪の上に大きな炎が立ち昇った。するとあろうことか、それまでまったく煙を吸わなかった排気ダストに炎が吸い込まれ、またたく間にダストを伝い、天井にまで炎が広がった。煙を吸わないダストが炎は吸うのかと感心して見ていたら、あまりにも火の勢いがすごいので心配になってハラに尋ねた。

「ハラ、これ大丈夫かよ?」

「先生、大丈夫じゃないですよ。ダメです。やばいですよ！」

結局、ハラが消防署に通報して、消防車、救急車、パトカーが駆けつける大惨事となってしまった。

なんとか鎮火して、消防車は引き揚げていった。幸い、天井裏が一部燃えただけのボヤですんだが、天井からはまだ放水された水がしたたり落ちている。飛んだブレイカーを上げると部屋が元どおり明るくなった。開き直ったハラが言った。

「先生、これから呑み直しましょう。煮込みは蓋をしてあったから大丈夫です」

「悪いな。じゃあ、焼け残った料理と酒でバーッとやるか！」

その晩は夜中まで呑んだ。酔っぱらった愚禿はＯＢたちに向かって偉そうに言った。

「お前ら、今日はあり金を全部置いていけ。火事見舞いだ」

卒業して三〇年近くが経つのに、教え子の恩を仇で返す教師がいる。これでは「恩師」じゃなくて「仇師《あだし》」である。愚禿は、どこまで「しくじり先生」なんだろう。

柔道部デビュー

翌日、ハラの父親のお通夜に行った。遺影を見ると、昔のことが走馬灯のように浮かんできた。

ハラは、父親とともに居酒屋とパブを経営していた。オーナーである父親は仕事をせず、いつもハーレーを乗り回しているという遊び人だ。時々心臓が止まるらしく、ニトログリセリンを飲みながら大好きなワインを飲んでいた。たまに愚禿《ぐとく》がお店に行くと、父親は大喜びで、ワインやつまみをたらふくご馳走してくれた。

中学校から暴れん坊だったハラは、ケンカに明け暮れていた。とりあえず高校には入ったものの、学校には行かず、シンナーを密売したお金で、悪い仲間と一緒に歌舞伎町で遊び回っていた。担任をしていたやっちゃん先生（女性）は、たまに学校に来るハラに対して、「早く学校をやめたほうがいい」と本気でアドバイスをしていた。

そんなハラに目を付けたのが愚禿である。クラスでは迷惑な存在かもしれないが、柔道部では即戦力になる。遅刻、早退を繰り返すハラを校門で待ち伏せ、しつこく柔道部に勧誘した。そして、ついにハラは柔道部に入ることになった。それを一番喜んだのが、ハラの父親である。

柔道部員になったハラの傍若無人さに歯止めをかけたのは、キャプテンのマモルであった。練習の初日、生意気なハラをいきなり道場のゴミ箱に投げ込んだ。さすがのハラも、これには観念した。マモルは、顧問の愚禿が練習に来ないと、後輩たちを「トレーニング」と称して奴隷のようにしごいていた。後輩たちを柔道場の柱にしがみつかせてセミの真似をやらせたり、壁に中腰で寄りかかる「空気椅子」をやらせ、その椅子に座って王様気分を味わっていた。

そんなマモルが引退した途端、ハラが本性を露わにした。ちなみに、それから数十年後、マモルとハラは沖縄で養蜂の仕事を一緒にすることになった。

ここで、少しマモルの話をしよう。若くして両親を亡くしたマモルは、高校卒業後に大手の通信会社に入社したが、天性のはったりと要領のよさで、高卒ながら出世街道を驀進した。そして気が付くと、東大卒や京大卒の高学歴の部下を従え、「学問ができても会社では使えない」と豪語するようになっていた。

そんなマモルも、社内の熾烈な派閥人事のあおりをくらって、主流から窓際へと追いやられていった。それでも、打たれ強いマモルは、それを逆手に取って「うつ病になった」という理由で病気休職を取り、沖縄に渡って養蜂を起業することにした（何てふてぶてしいやつなんだ）。そんなマモルが、愚禿を悪の道に誘った。

「先生、教員なんてつまらないことやってないで、沖縄でひと旗揚げませんか？」

「沖縄で何をやるんだよ」

「沖縄の無人島にいる、野生のヤギを退治してもらいたいんです。養蜂のじゃまになりますからね。先生、そういうの得意でしょう」

マモルの悪い誘いを断った愚禿だが、やがて、ハラがマモルの口車に乗せられて沖縄に行くことになったわけである。

余談だが、かつて愚禿《ぐとく》もマモルの悪い口車に乗ってしまい、とんでもない経験をしている。マモルが、東京湾をヨットで横断しようと愚禿にもちかけたのだ。二つ返事でそれに乗った愚禿は、マモルと一緒に小さなヨットで三浦半島を出発した。追い風を受け、行きはよいよいの快適な航海であった。

対岸の千葉県の富津あたりに上陸して、意気揚々と帰路に就いたが、運の悪いことに風がピタリと止んでしまった。予備として積んでいたスクリューの付いたエンジンは故障して動かず、大型タンカーが行き来する浦賀水道の真ん中に取り残されてしまった。

タンカーが近くを通ると、大きな波が押し寄せてきてヨットは転覆するほど揺れた。気が付くと、あたりは真っ暗闇となり、タンカーにぶつかれば一巻の終わりという状況に追い込まれた。ようやく夜半を過ぎて風が吹き出し、何とか明け方になって三浦半島に漂着した。

また、あるときは、河口湖で水上スキーをやろうとマモルからもちかけられた。マモルの運転するジェットバイクに引かれて、愚禿は初めて水上スキーにチャレンジした。しかし、水上スキーの板は、水上ではなく、どんどん水中に潜り込んでいった。このままでは窒息すると思った瞬間に手を放し、危機一髪で難を逃れた。実は、マモルも水上スキーは初体験で、愚禿を実験台に使ったようである。マモルの悪い誘いの結末には、常に恐ろしいことが待っている。

さて、ハラの話に戻ろう。

柔道部に入ったハラは、毎日学校に来るようになった。ハラなりに学校のなかに居場所を見つけたのかもしれない。そして夏休みを迎え、練習は一段と厳しさを増していった。

オアイ

夏の合宿を静岡でやることになり、東京駅に集合した。ところが、集合時間になってもハラだけが来ない。しばらくすると、松葉杖をつきながら三角巾で腕を吊ったハラが現れた。

ハラ　遅刻してすいません。
愚禿　すいませんじゃないだろ！　なんだその格好は、練習さぼりたいのか？
ハラ　朝、慌てて階段から落ちてケガをしました。
愚禿　嘘をつけ！　そんなに都合よく松葉杖や三角巾が準備できるか！
ハラ　昨日、道を歩いていたら犬に噛まれました。
愚禿　嘘をつけ！　お前を噛むような犬がいるのか！
ハラ　昨日、自動車が突っ込んできて怪我しました。
愚禿　嘘をつけ！　自動車が突っ込んだらそんなケガじゃすまないだろう！
ハラ　昨日……。

愚禿 言い訳はいいから、本当のことを言え！
ハラ はい。昨日、無免許でバイクを乗り回してコケました。
愚禿 初めからそれを言え。分かった。合宿にケガ人は連れていけない。帰れ！
ハラ 連れていってください！
愚禿 ダメだ。帰れ！
ハラ 連れていってください！
愚禿 そんな体で、合宿に行って何をするんだ！
ハラ 声なら出せます。声を出します。仲間に気合を入れます！

静岡合宿の練習がはじまると、三角巾と松葉杖のハラは発狂したように声を出し続けた。

「ファイト。ファイト。ファイト。ファイト。ファイトー……」

一緒に合宿している三日月高校の大津先生が、ハラの声が「うるさい」と迷惑そうな顔をしている。大津先生は、自校の滑舌の悪いキャプテンを呼んでお説教をしていた。

「大きな声で返事しろ！」

「オアイ」

「オアイじゃないだろう、ハイだ！」

「オアイ」

「オアイじゃないって言っているだろ。ハイだ、ハイ！」

「オアイ」

徐々に、大津先生の声が大きくなってくる。キャプテンはというと、恐怖でますます滑舌が悪くなっている。悪循環だ。それを横目に、ハラが大声で「ファイトー」を連呼している。その大声にイラつきながら、大津先生のテンションがさらに上がっていった。

「お前、俺をバカにしているのか。オアイはクソのことじゃ。返事はハイだ！」

「オ……、オ、オアイ」

「お前、わざとか。いい加減にしろよ、返事はハイだ！」

「オアイ」

「……いいか、返事はハイだぞ」

「オアイ」

「そうだ、ハイだ……。分かった、もういい。早く練習に行け！」

「オアイ」

ハラはというと、「ファイト」と大声を出しながらそのやり取りを見ながら笑っていた。愚禿《ぐとく》は、何かいやな予感がした。

合宿の困った食事

　朝練として、静岡名産のミカン畑の山をランニングさせた。ハラは松葉杖なので、短いコースを歩かせることにした。ところが、朝練が終わる時間になってもハラが帰ってこない。そこで大津先生が、ミカン泥棒撃退スピーカーの付いた農家の軽トラックを借りてきてハラを探すことにした。スピーカーから行方不明捜索の大音響が流れる。

「ハラ君、ハラ君、どこにいますか？　いたら返事をしてください」

「ハラ、いいかげんにしろ。かくれんぼやってるんじゃないんだぞ！」

　ミカンの山をスピーカーの音量を上げながら走り回るが、何の反応もない。

「ハラ君、ハラ君、このあたりはイノシシが出ますよ。危ないですよ」

「こらっ、ハラ、今度はイノシシに体当たりされるぞ。早く出てこい！」

　さらに大音量の罵声がミカン畑に響くが、何の反応もない。

「ハラ君、ハラ君、このあたりはマムシが出ますよ。危ないですよ」

「こらっ、ハラ、マムシに噛まれるぞ。いいかげんに出てこい！」

　周囲のミカン農家には迷惑だが、まったく反応がない。大津先生も愚禿《ぐとく》も過熱してきた。

「ハラ君、ハラ君、このあたりは虎が出ますよ。危ないですよ」

「こらっ、ハラ、虎に食われるぞ。いいかげん出てこい！」

「ハラ君、ハラ君、このあたりはライオンが出ますよ。危ないですよ」

「こらっ、ハラ、ライオンに食われるぞ。いいかげん出てこい！」

「ハラ君、ハラ君、このあたりはワニが出ますよ。危ないですよ」

「こらっ、ハラ、ワニに食われるぞ。いいかげん出てこい！」

まるでサファリパークに迷い込んだ生徒を探しているようだ。もし、ミカン泥棒がいたら一目散に逃げ出していたかもしれない。結局、ハラは見つからなかった。


合宿所に戻ると、ハラが平然と朝飯を食べていた。「どこにいたんだ！」と問いただすと、短いコースをさらにショートカットして、「食事当番をするために戻ってきた」と言う。生徒を信じるのも教員の仕事、ハラの無事に感謝して、怒りを収めた。

大津先生の高校は柔道の強豪校だった。愚禿は部員たちに対して、「柔道で負けても、ご飯を食う量は負けるな」と檄を飛ばした。部員たちは狂ったようにご飯をお代わりした。大津先生もご飯がてんこ盛りになったおひつを抱えて、部員にお代わりを迫っている。そんなわけでおひつが空っぽになり、給食センターはこれでは足りないと思い、ご飯の量が日に日に増えていった。

生徒はというと、練習よりも食事が苦痛になった。これは数年後のOB会で明らかになった真実なのだが、そのときに食事当番だったハラが仲間を救うために、給食センターから食事が届くと、先生たちに内緒でご飯を大量に処分していたという。何と罰当たりなことか。朝練のときのショートカットはそのためであった。

仲間思いのハラの行動は、教員からよく誤解を受けていた。そもそも、無理にご飯を食べさせようとした教員に問題がある。

ユリ・ゲラー

毎年、夏休み恒例となっているキャンプに行った。練習が休みとなり、部員も大喜びであった。その年は、山梨県の西湖に行くことにした。キャンプ場に着くと、生徒は大はしゃぎで遊び回っていた。体重が一〇〇キロを超えるハラとミヤカワが一緒に貸ボートに乗っていた。ハラがふざけてボートを揺さぶった瞬間、魔訶不思議なことにボートが垂直に沈み、浅瀬に突き刺さり、犬神家の助清《すけきよ》状態になった。貸ボート屋のおやじが激怒して、ボート遊びは中止となった。

このころから不思議なことが次々と起こりはじめた。夜は、恒例の怪談話をすることになっている。部屋の灯を消し、ハラが湖で拾ってきたロウソクに火をつけた瞬間、パチッパチッと不思議な音がした。怪談話に熱中していた生徒たちだったが、ふと気付くと、周囲に映る人の影が怪しい形をしている。太っているハラの影がやけに細い。ミヤカワは背が高いのに小人のようになっている。生徒が一番驚いたのは愚禿《ぐとく》の影がないことだった。死期が近いと影が薄くなる、と愚禿が解説すると、ハラだけが異常に喜んでいた。

翌朝、愚禿がトイレに起きると、夕飯のカレーの寸胴鍋に野良犬二匹が頭と足を突っ込んで、残ったカレーをムシャムシャと食べていた。見てはいけないものを見てしまった。生徒は朝食のカレーを楽しみにしている。まあいいかと、愚禿は犬をおっぱらって、朝食の準備をはじめた。

腹を空かせた生徒が集まってきた。何も知らないハラは、「一晩寝かせたカレーは味がしみ込んでうまい」と言って、一番喜んで食べていた。

帰りは河口湖から高速バスに乗った。富士急ハイランドで外人が乗ってきた。生徒は疲れて爆睡していたが、ハラが「ユリ・ゲラーがいる」と言って騒ぎ出した。バスは騒然となり、生徒がキャンプで使ったスプーンやフォークを差し出した。

ユリ・ゲラーが、次々とスプーンやフォークを曲げていく。ついでに、オオトモのメガネを取り上げ、勝手にフレームをこすりはじめた。すると、フレームが見事に直角に曲がった。超常現象だ。興奮も収まり、我に返ったオオトモがフレームを元どおりに直して欲しいとお願いすると、ユリ・ゲラーが首を横に振りながら答えた。

「I'm tired（疲れた）」

俺より先に死んではいけない

やんちゃなハラが五一歳という若さで逝った。マモルと沖縄で養蜂の仕事をしていたが、仲たがいを起こし、柔道部OBのヨシダが経営する鉄工所で働きはじめた矢先であった。

卒業後、ハラは葬儀屋、貸布団屋、ダニ駆除屋、居酒屋、パブ、犬のブリーダー、焼肉屋、そして養蜂などの職を転々としていた。そんなハラが、愚禿《ぐとく》のところに何度か相談に来たことがある。

いつも、自分のことではなく困っている仲間を助けるための相談であった。たとえば、知人のシングルマザーの不登校の子どもが高校を退学させられそうになったときなど、その学校に直談判に行く前に、「その子どもを救うためにどうすればいいか」と愚禿のところに相談に来ていた。

よい方法などあるわけがない。「とにかく暴れるな」とだけ、この日は伝えた。

仲間に優しい男だった。離婚して別に暮らしているお母さんを引き取り、一緒に暮らすために新しい仕事に就いた矢先の死であった。

愚禿の還暦の祝いの際、柔道部のOBたちと一緒に撮った写真が愚禿の机の上に飾られている。

「俺より先に死んではいけない」

お祝いの席で教え子に伝えた言葉だが、今は虚しい。

葬儀会場にスナップ写真が飾られていた。そのなかには、柔道部の合宿やキャンプに行ったときの写真、高速バスでユリ・ゲラーと一緒に撮った写真もあった。

やっちゃん先生は、三年にわたってハラの担任だった。一年のときに学校をサボって遊んでばかりいるハラに、「早く学校をやめて働け！」といつも怒っていた。ハラが悪さをすると、すぐにやっちゃん先生は愚禿にチクっていた。

なんでも情報をキャッチして愚禿に言いつけるやっちゃん先生を、「パラボラのやっちゃん」と揶揄しながらも、どんな悪さをしても何度でも面倒を見てくれたやっちゃん先生を、ハラや仲間たちは心から愛していた。その証拠に、卒業してからもやっちゃん先生の自宅によく遊びに行っていた。

ちなみに、合宿のときに松葉杖で現れたハラについてだが、前日まで秋川渓谷で行われたホームルーム合宿（クラス単位で行う合宿）に参加しており、やっちゃん先生の制止を振り切り、バイクを乗り回したうえに転倒し、大けがをして救急車で病院に運ばれていたようだ。

還暦祝いのときに撮った写真

出棺を見送るとき、やっちゃん先生が泣きながら声をかけていた。

「ハラ君ありがとう。楽しかったよ。本当にありがとう」

教員の履歴は教え子によってつくられる。最後に残るものは、生徒がくれた楽しい思い出だけかもしれない。合掌。

第二話――人生を変える余計なお節介

高校を中退したテルは、家業を手伝っていたが親父とうまくいかず、家出をした。そして、職を転々としながらヤクザな世界へと落ちていった。いかがわしいビデオを不正に販売して、留置所に入れられたこともある。それでも、柔道部のOB会には必ず顔を出していた。

下戸《げこ》のテルが、愛車のソアラで酔っ払った愚禿《ぐとく》を家まで送ってくれたとき、途中の交差点で突然急旋回をして、愚禿を驚かすということもあった。頭や眉を剃ったテルの風貌が、だんだん愚禿に似てくるというのが不思議だった。

余計なお節介

高校への入学早々、テルが同級生をボコボコにするという暴力事件を起こした。愚禿が、謹慎中のテルの家庭訪問を買って出た。学校を続ける、続けないで、父親とテルが殴り合いの大ゲンカになった。愚禿がそれに割って入り、大声で怒鳴った。
「学校をやめるな！　柔道部に入って学校を続けろ！」
このお節介なひと言が、波乱の幕開けとなった。

テルはもともと血の気の多い性格のため、柔道部に入ると練習を休むことはなく、誰よりも熱心にやっていた。授業や行事はサボっても、絶対に練習をサボルことはなかった。そして、初心者ながらも、めきめきと力をつけていった。

柔道の新人大会が近づいたある日、学校のトイレでタバコを吸っているところを見つかってしまった。テルは、中学生のときから喫煙が習慣になっていたようだ。やがて、この喫煙ぐせが彼の運命を大きく変えることになる。

自宅謹慎となったテルを試合に出そうと思って、愚禿は毎晩、柔道衣を持って家庭訪問に行き、テルの家の裏庭で柔道の練習をした。大声で気合を入れるので、近所から苦情が入った。そのため、酸欠覚悟で、声を押し殺して黙々と練習をすることにした。すると、愚禿が夜な夜な謹慎中の生徒の家で柔道の練習をしているという噂が広がり、生徒部の主任から呼び出された。
「ダメだよ、勝手なことしちゃ。謹慎中の規則に従って指導しないと不公平になるからね。担任から聞いたけど、課題を全然やっていないらしいじゃないか。本人は柔道の試合に出られると思っているらしいが、まさか『出られる』なんてことは言っていないよね」

「……」

「謹慎が解除されなければ試合には出られない。練習より課題をやらせないとダメだよ」

「……」

逃走

時々トイレでの喫煙が見つかりそうになりながらも、テルは柔道と筋トレだけは人一倍熱心に励み、筋肉ムキムキの体で何とか三年生になっていた。そして、その成果を見せつける奇跡の出来事が起こった。

愚禿《ぐとく》の率いるチームは関東大会東京都支部予選を順調に勝ち上がり、準決勝で私立強豪校と対戦した。先鋒のテルは、強豪校最強のポイントゲッターと闘うことになった。誰もが、初心者からはじめたテルが簡単に負けると思っていた。しかし、何度も投げられそうになりながら、テルは持ち前のパワーと粘り強さで寝技に引き込み、何んと引き分けにもち込んだのだ。

これがチームの闘争心に火をつけて、ついに私立強豪高校を破り、都立高校初となる決勝に駒を進めた。高校最後の支部大会では、優勝こそできなかったものの、テルの勝負強さで金字塔を打ち立てることができたのだ。

後輩思いのテル、引退後も、授業はさぼっても練習には必ず来ていた。卒業式が近づいたある日のこと、ついにテルは、学校のトイレで喫煙しているところを見つかってしまった。暴力、喫煙、喫煙という三度目の特別指導。これまで見つからなかったというのも奇跡であるが、柔道の強敵には勝てるようになったテル、最後までニコチンには勝てなかった。

特別指導三度目の進路変更（自主退学）を審議する臨時職員会議が開かれた。会議では、テルと一緒にトレーニングをしていた筋トレマニアのイトウ先生が「筋肉は裏切らない」を合言葉に徹底してテルを弁護してくれたおかげで、首の皮一枚で進路変更は免れた。

テルは神妙に課題に取り組み、早々に謹慎は解除されたが、愚禿はテルに、「卒業式まで毎朝校門前を清掃するように」と命じた。このお節介が、またしても大きなあだとなった。

卒業式まであとわずかとなった三月、三年生は自宅学習で登校していない。テルは、一人で毎朝校門の前を清掃していた。立つ鳥跡を濁さず。問題行動を繰り返し、最後の最後で首の皮一枚でつながったその償いをさせるためであった。無期謹慎の課題も完璧にこなし、謹慎は解除されていたが、愚禿の気持ちが許さなかったのだ。テルが反省している姿を全教員に示したかったのだが、それはおごりであった。事件を引き起こしてしまう伏線となった。

一時間目の授業がはじまる前だった。突然、柔道部の後輩が愚禿を呼びに来た。

「テル先輩が教室で暴れています。校門で下級生にガンを付けられたと激怒して、追っかけていきました。早く来てください！」

教室に行くと、テルが下級生数名をボコボコにしていた。止めに入っていたのは、柔道部キャプテンのジンであった。

「テル、やめろ。テル、だめだよ。テル、やめろ！」

ジンは泣きながらテルに覆いかぶさり、もみ合いになった。テルとジンは、厳しい練習を率先してこなしてきた仲のよい同級生である。体重九〇キロのジンが体重六〇キロのテルを羽交い絞めにしている。テルは泣きながら、意味不明の言葉をわめきながら抵抗している。これが三年間柔道部で手塩に育てた結末なのか……。都立高校初の栄光は何だったのか……。愚禿《ぐとく》の頭は真っ白になり、わなわなと怒りと涙がこみ上げてきた。

「バカヤロー！」。気が付くと、愚禿はジンに羽交い絞めにされているテルを泣きながら殴り飛ばしていた。その瞬間、テルとジン、そして愚禿の時間が止まった。セピア色に変わった風景のなか、テルは泣きながら逃走した。そして、その日からテルは行方不明となった。

再び臨時職員会議が開かれた。担任から、本人と連絡が取れず、保護者から退学の意向があることが伝えられた。愚禿は固まっていた。そして、周囲からの突き刺すような冷たい視線に震えていた。自分の指導の不手際を認めて、テルを弁護する勇気すらなかった。あれほどテルを弁護してくれたイトウ先生も、さすがに今回は腕を組み、真一文字に口を結んだまま天井を見上げていた。

切れない絆

そして、テルのいない卒業式が終わった。その春、当時の異動要綱に従って、新規採用八年目を終えた愚禿は川向こうの工業高校に異動となった。なぜあのとき、校門の清掃を命じたのか。自己満足の、未熟で身勝手な指導と、その挙句の果ての自らの体罰は不問のままに、新たな教員のステージがはじまった。

その後、テルはどうなったのか。

異動して初めての夏休み。千葉県の高校で合同合宿をすることになった。合宿中のある晩、テルが一升瓶を提げて合宿所に現れた。テルも昨年までここで合宿をやっていたので、様子はよく知っていた。

「ご迷惑をかけました」と、テルにしては神妙に、逃走してからの経緯を話しはじめた。

実は、逃走後もテルは柔道部の仲間と時々会っていた。キャプテンのジンがそれを愚禿に報告してくれていたので、おおよそのことは知っていた。

学校で暴れたあとに家出をしたテルは、近所のパチンコ屋に住み込みで働いていた。その後、パチンコ屋を転々として、今は船橋のパチンコ屋にいるという。父親とも和解しており、秋から家業を手伝うという。

テルが暴れた理由を話しはじめた。

特別指導のきっかけとなったのがトイレの喫煙だった。トイレで喫煙が見つかったとき、テルのほかにも下級生が二人喫煙していたのだ。その二人が特別指導になったら、テルと同じく退学という恐れがあった。テルは二人をかばい、「自分だけが吸っていた」と言い張った。その結果、テルだけが特別指導になったわけである。

首の皮一枚でつながったテルが毎朝校門で掃除をしているという惨めな姿を見て、下級生の二人がせせら笑ったという。それに激怒したテルが二人を追いかけていき、ボコボコにしてしまった……ということらしい。テルらしい行動である。

その後、テルは、一度は家業を手伝うが、結局は父親とうまくいかず、また家を飛び出し、職を転々としながらヤクザな世界へと入っていった。それでも、柔道部のOB会には必ず顔を出していた。

「困った生徒」は、一生困ったことが続くのかもしれない。それでも誰かとつながっていることだけが救いである。年を重ねるにつれて、テルの風貌がどんどん愚禿《ぐとく》に似てくるのが不思議でならない。いろいろとあったテルも、今は堅気《かたぎ》の仕事に精を出している。頑張れ、テル！

第三話――外れてしまった面倒見のリミッター

ジュンが、元横綱の曙とプロレスをやることになった。総合格闘技のエキシビションである。会場になった市民体育館の席に座る愚禿の隣には、この地区の柔道会長であるマツムラ師範、大堤工務店の寅次郎社長、ハザマ整骨院のヒロシ院長が顔をそろえている。その周りを囲むように、柔道部のＯＢたちと、見るからにやんちゃな連中が集まっていた。

そして、会場の片隅には、柔道仲間であるアイちゃんが押す車いすに座っているニシゾノの姿もあった。彼は、愚禿がいた高校の三年生のときに娘と同じ病気にかかり、現在も闘病生活を送っている。このような大会があると、いつも応援に来てくれるという、愚禿にとって忘れられない教え子の一人である。

ジュンは、地元のガキ大将で中学生のときは悪事に奔走した。しかし、愚禿のいる工業高校に入ってしまったことが運の尽きとなる。柔道部に入ることになったジュンは、愚禿に連れられてマツムラ師範のもとに行き、ツッパリの

いつも応援に来てくれるニシゾノ

象徴である髪型（リーゼント）を変えるように約束させられた。高校卒業後は総合格闘技のプロとして活躍していたが、殴り合いで眼球の網膜剥離を患い、引退したのち、一時期は寅次郎社長の工務店で働いていた。そして、今は家業の墓石屋を継いでいる。

柔道部の先輩であるヒロシ院長は、やんちゃのしすぎで傷んだ後輩たちの体の治療と、格闘家であるジュンの肉体のメンテナンスを担当していた。愚禿《ぐとく》も、変形性股関節症のため、股関節痛や腰痛がひどくなるとヒロシ院長から愛のこもった手荒い治療を受けていた。

ガチンコではないにしろ、久々にリングに立って曙に立ち向かうジュンをやんちゃな連中が熱狂的に応援している。学校や社会からドロップアウトした連中の、理屈抜きの強い絆を感じてしまう。メジャーな曙がこんなローカルなリングに立っているのも、そんな絆があるからだろう。

やんちゃな連中はジュンの闘う姿に自分を重ね、生き辛さと息苦しさが入り混じる理不尽な社会のなかで、行き場を失った熱いエネルギーを発散しているように見える。ボコボコにされながらも諦めずに闘いを挑むジュンの姿を見ていると、昔のことが走馬灯《そうまとう》のように蘇ってきた。

ジュンと高校入試

「どうせ不合格だろう」と思っているジュンは、シンナーを吸いながら工業高校の入試の発表を見に来た。ところが、自分の番号があるのを見て、慌ててシンナーの瓶を捨てた。そして、入学早々からワル連中とともに授業をサボっては、廊下でたむろしていた。そんなジュン、ツッパリ連中が跋扈《ばっこ》する工業高校ですぐに頭角を現しはじめた。

柔道推薦で私立高校を受けたが落とされ、その腹いせにジュンは中学校の職員室で大暴れし、パトカーが出動するという騒ぎを起こしていた。そんなジュンが、やがてジュンを落とした強豪私立高校を驚愕させる存在になるとは、誰も想像できなかっただろう。

ジュンが入学したころ、工業高校に異動した愚禿は三年目となっていた。初任の普通高校とはまるで違う学校文化に戸惑いながらも、校長よりも偉い専門学科の大御所に根回しさえすれば何でもあり、という大雑把な雰囲気が気に入っていた。

たとえば、入学式の呼名《こめい》のときに、体の大きい生徒や人相の悪い生徒をチェックして、「柔道部でとことん面倒を見ます」と言えば、担任たちはこぞって「困った生徒」を柔道部に送ってくれた。そのおかげで、年度始めは一クラス分ぐらいの部員数になったが、その後、暴力事件や内部抗争が勃発して、気付くと、毎年数名の部員しか残らなかった。恐竜時代の弱肉強食を再現しているような部活動だった。

ある日、愚禿は授業をさぼって中央廊下で車座になってたむろしている連中のなかで、ひときわ大きいジュンを見つけて声をかけた。もちろん、サボリを注意するためではなく、スカウトするためである。

ブラックホールの柔道部

　この高校では、柔道部に入れば誰でも卒業できるという都市伝説が広がりつつあった。そして、周囲の中学校からは、「困った生徒」がぞくぞくと柔道部に集まってくるようになっていた。中学校の教師たちも、「困った生徒」はあの高校の柔道部に送れば更生させてくれると、まるで少年院のような評判が広がっていった。

　こんなこともあった。

「ビックになって帰ってくる」

　そんな書き置きを残して、新入部員のスズキが家出をした。両親は青ざめ、警察に通報し、捜索がはじまった。愚禿《ぐとく》は暴力団に誘われたと思い、警察の暴力団担当へ捜索の依頼をした。しかし、まったくそれらしい情報はなく、音信不通のまま一か月近くが過ぎた。

　そんなある日、スズキが福島県の安達太良山《あだたらやま》（一七〇〇メートル）の麓にある温泉で働いていることが分かった。旅館の女将が心配になって、家に連絡を入れてくれたらしい。本人は、「家には絶対に帰らない」と言い張っている。それを聞いて、愚禿のおせっかいが頭をもたげた。気が付けば、学校をさぼって福島へと向かっていた。

　温泉旅館に着くと、美人の女将が出迎えてくれた。スズキはというと、元気に掃除や布団の上げ下げなどといった雑務をこなしている。家を飛び出したあと、行く当てもなく、あり金をはたいて列車とバスを乗り継ぎ、この山奥までたどり着いたらしい。無一文になったスズキは、「旅館で働かせてくれ」と言って女将に泣きついたそうだ。どこか懐かしい人情噺の展開に、愚禿もすっかり感化されてしまった。

女将が愚禿に食事を用意したうえに、「自慢の露天風呂にも入ってください」とすすめてくれた。すっかりいい気分になった愚禿は、スズキに余計なことを口走っていた。

「お前、学校をやめてここで働け。俺も家出したくなった」

そして、浪花節に染まった愚禿は、「こいつを一人前の男にしてください。お願いします」と言って女将に頭を下げ、旅館を後にした。まるで、寅さんである。

晩秋の磐梯朝日国立公園の山々を彩る紅葉は絶景だった。こんな美しい紅葉を見たことがない。この充実感は一体なんだろう。それにしても、わざわざ学校をさぼってこんな遠い所まで何をするために来たのだろうか。そんな疑問を打ち消すように、磐梯の美しい大自然が愚禿を優しく包み込んでいた。

不思議なことだが、それから一週間もしないうちにスズキが学校に戻ってきた。柔道部には戻らなかったが、無事に高校も卒業している。今ごろ、スズキはビックになっているかもしれない。秋になると、なぜかあの美しい磐梯の紅葉を思い出してしまう。

こうして柔道部はブラックホールのように「困った生徒」を次々と引き寄せるようになっていった。近隣の中学校の顧問が「困った生徒」を、「これでもか！」というほど送り込んでくれたおかげである。

とことん困った部員たち

母子家庭のキムは、学校ではおとなしいが家庭内で暴力を繰り返し、母親が愚禿《ぐとく》に助けを求めてくるということがしばしばあった。愚禿がキムを厳しく怒ると、その反動で母親に暴力を振るう。愚禿のおせっかいは見事に逆効果となり、キムの暴力がエスカレートし、母親が家を飛び出し、深夜のファミレスで愚禿が保護したこともある。

やがて母子の同居が困難となり、母親は家を出て、ポストに食費を置くという生活になった。学校にも来なくなったキムは、一日中家に引きこもるようになった。愚禿が家に行くと、雨戸を締めきった真っ暗な部屋で布団にくるまって泣いていた。食事もろくに取らず、憔悴しきったキムは、学校をやめて住み込みで働くことになった。

オンマも母子家庭で、家ではおとなしいが学校でよく暴れた。頭に血が上ると意味不明の暴言や行動をとった。今ならＡＤＨＤの診断が出て、別の接し方があったかもしれない。担任や学年団は「面倒見きれない」と言ってさじを投げていた。あるとき、クラスの女子とトラブルになり、オンマが暴れたことで女子が恐怖のあまり不登校となり、結局オンマは退学することになった。

ヤンジは、瞬間湯沸かし器のように、些細なことでもキレて暴れ出した。ある日、廊下でガンを付けられたといいがかりをつけ、同級生をボコボコにした。警察に訴えられる前に謝罪しようと、すぐにヤンジの母親を呼んで被害者の家に謝罪に向かった。殴られた本人が帰ってくる前に、愚禿と母親が土下座して謝った。被害者の父親は、「男の子だからケンカはつきもの。私もよくケンカしました。わざわざ来てくれなくてもよかったのに」と言って、笑い飛ばしてくれた。

ところが、その後、本人が帰ってきて、自分の息子かどうかの判別ができないくらい腫れ上がった顔面を見た両親は、激怒して学校に怒鳴り込んできた。

ヤンジは、四度目の無期謹慎となった。さらに、謹慎中に親とケンカして行方不明となった。これが学校に知られたら、今度こそ学校にはいられない。愚禿は担任に懇願して、家族で福島まで法事に行っていることにしてもらった。なぜ福島なのか、とくに意味はないが、愚禿のなかでは家出といえば福島であった。

ちなみに、キム、オンマ、ヤンジは、みんな同じ中学校の出身である。どれだけすごい生徒がいる中学校なのか。その顧問が、「この高校の柔道部以外に彼らが卒業できる高校はない」と言っていた。そんな期待にはこたえられず、キムもオンマも途中で学校をやめている。

何とかして、ヤンジだけでも学校に引き留めることはできないものか。同級生たちを動員して、家出したヤンジの大捜索がはじまった。やがて、ヤンジは後輩の家に転がり込んでいることが分かった。瞬間湯沸かし器のようにすぐに切れるヤンジも、ジュンの統率力と同級生の絆に救われ、何とか謹慎期間を終えて学校に復帰してきた。

目玉も飛び出す出来事

謹慎の家庭訪問に奔走していた長い日々が終わり、久々に群馬まで遠征合宿に行った。連戦連敗の練習試合も終わり、帰途に就く前、柔道部員とともにファミレスで食事をした。食事を終えて駅に向かう途中の出来事だった。珍しく動転した声でジュンが叫んでいる。

「先生、大変です。ヤンジの目玉が飛び出しました」

「なに？　目玉が飛び出した。うそだろ」

振り返ると、ヤンジが右目を押さえて立っている。よく見ると、飛び出した眼球の先端で瞳が左右に行ったり来たりしている。こんなの見たことがない。

「どうしたんだ。その目は？」

「鼻をかんだら目が飛び出しました」

「どんな目なんだ。とにかく、目玉が落ちないように手で押さえておけ！」

愚禿《ぐとく》も生徒も気が動転していた。とりあえず、救急車を呼ばなくてはならない。運よく駅前に交番があったので、そこへ駆け込んだ。キャプテンのジュンに東京までの乗り継ぎ駅を教え、「ケンカや万引きをせずに、真っ直ぐ自宅に帰るように」と厳しく命じた。一番心配なオンマだけは、ヤンジと一緒に救急車に乗せることにした。このときは、オンマが学校をやめる前であった。

結局、病院でも原因はよく分からなかった。横になって氷嚢で冷やしていると、ヤンジの目玉は元通りの位置に収まった。当直の医者も、「見たことのない症例なので、明日専門の病院で見てもらってください」と言うだけだった。

すでに、夜の八時を過ぎていた。群馬から東京に戻る列車の中で、ヤンジもオンマもぐったりと寝入っている。二人の寝顔には、まだ高校生のあどけなさが残っていた。ヤンジは周りにさんざん迷惑をかけているが、結局、こうして自業自得のバチが当たった。鼻をかむと目玉が飛び出すなんて、悪魔の仕業としか考えられない。

翌日、ヤンジがうっかり鼻をかむと、また目が飛び出した。びっくり仰天した親がすぐに病院に連れていった。マンガで、驚いたときに目玉が飛び出すというシーンがあるが、実際に目の前で目玉が飛び出すと本当に怖いものだ。とにかく、見たことがない人には分からない！　やはり、悪魔の仕業かもしれない。

しかし、目玉が飛び出すのは悪魔の仕業ではなかった。耳鼻科の先生の話では、鼻骨に小さなヒビがあり、鼻をかむとそこから空気が入り、それが眼球の裏へ回って目玉を押し出している、ということであった。悪魔じゃなくて、空気が目玉を押していたのだ。どうやら、練習試合で鼻を打ったときにヒビが入ったらしい。

しばらくの間、ヤンジには鼻をかむのを禁止した。そんなヤンジに、またしても悲劇が襲った。練習を再開して間もなく、今度は投げられて膝を負傷したのだ。右膝を抱えて七転八倒するヤンジの様子を見ていて大ケガを覚悟した。案の定、右膝の前十字靭帯《じんたい》が断裂、そのうえ半月板も損傷していた。手術で一か月の入院、「全治半年」と診断された。やはり、悪魔が悪さをしているのかもしれない。

猛獣軍団

奇跡的に右膝を復活させたヤンジは、柔道部の最大の目標である関東大会への出場を目指すことになった。そんなヤンジに、「これでもか」と悲劇が襲った。

復帰から数週間も経たぬころ、再び道場にヤンジの悲鳴が響きわたった。七転八倒するヤンジ。左膝を抱えて呻《うめ》いている。不安は的中した。今度は、左膝の前十字靭帯が切れたのだ。関東大会まで三か月、今から手術をしても間に合わない。

目標を失ったヤンジは、どん底に突き落とされた。そして、自暴自棄になったヤンジが、また切れて暴れ出すのではないかと誰もが心配した。切れやすい生徒は、靭帯だけでなく信頼関係や人間関係も切れやすいのだ。

関東大会に出場するためには、東京都のベスト8に入る必要がある。そのためには、支部大会で優勝し、都大会のシード権を取らないと関東大会への出場は絶望的となる。戦後になって関東大会に出場した都立高校はない。関東大会出場は、都立高校の悲願でもあった。

ヤンジがケガをした直後、一月に全国高校選手権の東京都支部予選が行われた。それは、五月に行われる関東大会の勢力図を占う大会でもある。この支部大会で優勝できれば、関東大会も夢ではなくなる。キャプテンのジュンは、悲願の関東大会出場に向け、問題児ばかりの猛獣軍団を見事に仕切っていた。入試の発表日にはシンナーを吸っていたというジュン。中学校の職員室で暴れていたジュン。そんな「困った生徒」を代表するようなジュンの統率力と勝負強さは、別格であった。

たとえば、学校の全校集会のときに「生徒を静かにさせるように」とジュンに指示を出しておくと、工業高校の荒くれ生徒や「困った生徒」が全員シーンとなって、教師が来るのを待っていたのだ。どの教師よりも、指導力と統率力があった。

普段は問題ばかりで大変であったが、ひとたび試合がはじまれば、生徒たちの目がギラギラと輝き出す。その中心にいるのがジュン。ジュンが仲間の闘争心に火をつける。まるで、檻の中で身震いしながら獲物を狙う猛獣の群れのようだ。そして、愚禿《ぐとく》が「よし行け！」とばかりにその檻を開けると、猛獣たちが雄叫びとともに敵に襲いかかっていく。このような快感が、数えきれないほどの苦労を一瞬にして昇華させてくれていた。

猛獣軍団は破竹の勢いで支部大会の決勝まで勝ち上がり、関東大会常連校の強豪私立と対戦した。これに勝てば都立高校の歴史が変わるのだ。愚禿は身震いした。しかし結果は、勝ち抜き勝負の一人残しで敗北した。

試合後、畳の上で号泣する猛獣たち。試合に出られなかったヤンジも、もんどりを打って泣いている。こんなにも悔しがる生徒の姿を愚禿は初めて見た。生徒たちは、本当に強豪私立に勝てると思っていたのだ。

愚禿は自らを恥じた。生徒には「絶対に勝てる」と激を飛ばしながら、自分自身は半信半疑だったのだ。そして、泣きじゃくる猛獣たちがこのうえなく愛おしく、涙が止まらなかった。

奇跡の予感

泣き崩れる猛獣たち。彼らは、命がけで愚禿に何かを返そうとしていた。それを証明するように、都大会でも猛獣軍団は快進撃を続けた。そして、「都ベスト8」を決める相手は、支部大会を優勝して都大会に進んできた強豪私立高校であった。この大会は、五人の団体戦の勝ち抜き勝負である。さすがに強豪校は強く、あっという間に四人が相手校の先鋒に抜かれ、残るは大将のジュン一人となった。

それでも、ジュンは動じなかった。疲れの見えた先鋒を一本勝ちで下し、続く次鋒、中堅も破り、残るは副将と大将の二人となった。強豪校の監督は、まさかの展開に顔を真っ赤にして檄《げき》を飛ばしていた。愚禿も負けずにジュンに気合いを入れた。

しかし、ジュンも体力の限界に来ていた。まったく技をかけず、副将の攻撃をひたすら防御している。愚禿は声を張り上げ、「技をかけろ！」と気合いを入れる。それにまったく反応をしないジュン、のらりくらりと場外に出ては、休みながらタイマーをチラチラと見ていた。

——こいつ、わざとサボっている。

愚禿の直感だった。それから大声を出すのをやめて、ジュンの様子を見守ることにした。タイマーが残り三〇秒を示したとき、ジュンは猛然と攻撃に転じ、終了間際に有効のポイントを奪った。恐ろしいほどの勝負強さであった。

そして、いよいよ大将同士の対戦となった。相手の監督はというと、脳出血を起こすぐらいの勢いで怒鳴り散らしている。どこの馬の骨か分からない無名の都立高校に負けるわけにはいかない。言うまでもなく、強豪校のプライドが許さないのだ。

そんなことなどお構いなしに、ジュンはまたしてものらりくらりとサボっている。言うなれば、不良でなければできない仕業だ。真面目な生徒なら、プレッシャーに負け、やみくもに全力を出してしまうだろう。

愚禿はジュンのふてぶてしさと勝負強さを信じ、ただ見守ることにした。残り三〇秒。突然、ジュンの形相が変わった。そして、得意の払い腰で一本を決め、大どんでん返しの勝利をもぎ取った！　奇跡に一歩近づいた瞬間であった。

靭帯《じんたい》が切れたままのヤンジは、毎日、黙々とトレーニングに励んでいた。左膝を悪化させないため、みんなと一緒の練習はせず、別メニューでひたすら綱を上ったり、ダンベルを持ち上げたりという日々を続けていた。

切れやすいヤンジが切れなくなったのだ。ここで切れたら、みんなの夢を台無しにしてしまう。そんな野獣の自制心が働いているからだろうか、それとも、どこかが切れているとそれ以上は切れないのだろうか。冗談はともかく、関東大会東京都支部予選会の日が近づいていた。

天下の英才を集めて、これを教育する

試合が間近となった春休み、近県の強豪校へ、最後の遠征試合に繰り出した。文武両道で有名な私立高校の校門をくぐると、正面玄関に大きな額があり、校訓なるものが大書されていた。そ

の言葉を見た瞬間、愚禿《ぐとく》の闘争心に火が付いた。こいつらには絶対に負けられない！

「天下の英才を集めて、これを教育する」

地方に遠征に行ったときのことだが、その土地の居酒屋のおやじと高校野球の話になった。近くに甲子園で全国優勝したという高校があった。愚禿が「すごいですね。郷土の誇りですね」と言うと、おやじは渋い顔をして、「このあたりじゃ誰も応援していないよ。だって、地元の子どもは一人もいないからね。みんな他県から来た連中だもの、応援する気がしないね」と言った。

柔道も同じである。全国大会の常連校は全国から、関東大会の常連校は関東近県から有望な選手を集めてくる。強豪校の監督は、指導力というよりもスカウト力を競い合っているようなものである。ある監督が言っていた。

「チームを強くするのは簡単だよ。強い選手をつれてくればすぐに強くなる。強い選手が伸びなくてもいいんだ。ライバル校に強い選手が行かなければ、それでいいんだよ」

最近、野球やサッカーなどの全国大会を見ていても、こんな学校があったのかとビックリするような名前の学校が登場してくる。元々学校があったというよりも、全国で勝つために即席でつくったような学校である。本来の学校の設置目的からすれば、インチキとしか言いようがない。

その意味では、スポーツ推薦もないのに、次々と「困った生徒」を引き寄せるこの高校にも魅力があるのかもしれない。ただ、集まってくるのが天下の英才ではなく、巷の「困った生徒」であるというだけだ。三年間、汗と涙の手塩にかけて、どこの馬の骨か分からない連中に夢を託す。「困った生徒」が問題を起こしながらも成長する。そしてある瞬間、そのような「困った生徒」がかけがえのないほど愛おしい生徒に変わる。その変容こそが教育の神髄ではないだろうか。でも、そんなうまい話があるわけはない。

いよいよ、関東大会の東京都支部予選会の日を迎えた。関東大会は、先鋒、次鋒、中堅が軽量級、副将と大将は体重制限がないという特別なルールとなっている。五人のうち、重量級のジュンと軽量級のヤンジを除けば、残り三人は高校から柔道をはじめたという素人である。軽量級のコーミンとマツは、ケガをしている同級生のヤンジをカバーしようと、初心者ながら驚くほどの成長を見せていた。ジュンを中心とした同級生の結束はこのうえなく強かった。

そして、その日を迎えたわけだが、試合会場に向かう電車の中でまたしても事件が起こった。満員電車の中で、ヤンジと乗客の肩が触れた。その瞬間、これまで押し殺してきたヤンジの野生が、突然、覚醒《かくせい》した。ヤンジの目が変わる。ヤンジが乗客の胸ぐらをつかもうとしたときに電車のドアが開き、乗客が逃げるように外に走り出した。それを追うヤンジ。そのヤンジを追いかける同級生。関東大会出場に向けて、千載一遇のチャンスを前に、闘う前に自滅してしまう。これが「困った生徒」の負のループなのか。

奇跡への助走

試合会場の畳の上には、ジュンを中心としてヤンジも含めて選手全員が凛とした顔つきでそろっていた。試合会場に向かう電車の中での出来事は、後日ジュンから聞いた話であるが、膝の靭《じん》帯《たい》が切れているヤンジの走力はたかがしれており、逃げた乗客の姿はすでになく、追いかけて来た仲間につかまったヤンジはすぐに冷静さを取り戻したらしい。こんなときに鼻でもかんでいたら、また目玉が飛び出していたかもしれない。

奇跡は、電車の中からはじまっていたのだ。猛獣軍団は、ほかの高校を圧倒しながら決勝戦まで勝ち進んだ。そして、半年前に惜敗した強豪私立高校と対峙した。周りで見守る都立高校の柔道部全員が猛獣軍団のサポーターと化し、ともに「都立の奇跡」を祈っていた。

中心となったのは、不良少年であったジュンだ。先鋒から副将まで四人が引き分け、大将戦は強豪校のポイントゲッターとジュンの対戦となった。ここで勝てば歴史が変わる。愚禿《ぐとく》は勝利を確信した。そして、見事にジュンの一本勝ちで悲願としていた支部大会の初優勝を果たし、シード権を得て都大会へと進んだ。

都大会も順調にベスト16まで勝ち進み、関東大会出場を決めるベスト8の対戦相手は、天下の英才を集めている強豪私立高校だった。そして、不思議なことだが、最後の最後にチームを救ったのが両膝の靭帯《じんたい》を切ったヤンジだった。

先鋒、次鋒と引き分け、中堅のヤンジは有効のポイントを先行されて窮地に追い込まれたが、残り一〇秒で「技あり」を取り返して逆転勝ちした。続く副将が「技あり」を取られて一対一の同点となり、大将戦でジュンが引き分けて代表戦となった。その代表戦でジュンが、相手のポイントゲッターを僅差の判定で破り、悲願としていた関東大会出場が決まった。

しょうがねーな

結果を見れば、一番手を焼いた、一番「困った生徒」に見事に救われていた。そして、この体験によって、「困った生徒」とかかわる愚禿《ぐとく》のキャパシティーが無限大に広がってしまった。そう、愚禿の面倒見のリミッターが外れてしまったのだ。

ダメな生徒はいない。生徒をダメだと思った瞬間、その教師がダメになっている。何度裏切られても生徒の可能性を信じようとする、そこに教師の矜持《きょうじ》と醍醐味が潜んでいる。

愚禿がそんな感傷に慕っているうちに、目標を失ったジュンやヤンジは、また元の不良に戻ってしまった。

部活を引退したジュンは学校に来なくなり、エネルギーの発散場所がなくなったヤンジはケンカに明け暮れていた。部室は授業をさぼる絶好の「たまり場」と化し、タバコを吸ったり、エロ本を読んだりと、関東大会出場という栄光の陰で、後輩たちには負の遺産を引き継がせていた。

ジュンという破格の求心力を失った柔道部は再び迷走状態となり、部室はロックアウト、無期限の活動停止に追い込まれた。教育は思ったとおりにはならない。教師の力などたかがしれている。それでも、彼らと出会ったことでリミッターの外れてしまった愚禿は、「しょうがねーな」とか「ダメだこりゃ」とか言いながら、「困った生徒」と笑いながらとことん付き合えるようになっていた。

それから三〇年、愚禿のもとに、柔道部の同級生であるニシカッチンの訃報がジュンから入った。厳

困った柔道部員

しい練習に明け暮れていたあのころ、面倒見のよい両親がいるニシカッチンの家は柔道部の「たまり場」となっていた。

柔道部の仲間とともに愚禿《ぐとく》は弔問に行った。「これを見てください」と、お母さんが遺影の前に置いてある箱に入った古い写真を渡してくれた。それを見た瞬間、愚禿は三〇年経っても色あせていない強い絆の確かさを感じた。その写真のほとんどが、高校時代の、柔道部の仲間たちとの写真であった。

病魔に倒れたニシカッチンだが、仲間とともに生きた確かな証しがそこにあった。合掌。

「困った生徒」のたまり場だったニシカッチンの部屋

第５章 ヒロヨ先生の特別支援学校

ヒロヨ先生とは、愚禿《ぐとく》に外部支援者の存在を最初に知らせた教員である。特別支援学校で培われたヒロヨ教諭の経験や感性によって、発達障がいなどによる生徒の「困り感」を高校の教員が気付くきっかけとなった（五六ページ参照）。

本書に登場する「困った生徒」たちも、小学校や中学校、そして高校で障がいに気付かれ、彼らが抱える厳しい境遇に手を差し伸べる人がいたら、また違った生き方があったかもしれない。ここで紹介するヒロヨ教諭の言葉から、学校でなければ救うことのできない子どもたちが今も大勢いることを、一人でも多くの方々に知ってもらいたい。

＊＊＊＊

私が教員となって最初に勤務したのは、知的障がいのある子どもたちが通う特別支援学校だった。その後、六年間の勤務を経て異動したのは普通高校で、当初は、まるで文化の違う学校に来てしまったと思っていた。しかし、生徒と対峙するうちに、特別支援学校で培ってきた経験がこの学校でも存分に活かせることに気付きはじめた。

特別支援学校は、「障がい」をもつ子どもたちの学校であるが、ここでの教育のあり方はすべての子どもに当てはまる。それは、「指示は短くし、必要ならば絵や写真を用いた分かりやすいものにすること」や「非社会的な行動は、本人のSOSのサインであると捉えること」、「本人の『障がい』ではなく、困り事の原因となっている環境の『障害』を変えること」、そして「すべての子どもに、『できるようになりたい』という思いと力がある」といったことだ。

以下で紹介するのは、私が特別支援学校で出会った教師や生徒のストーリーである。

タケノコと知能

かつて私は、山の中にある、とある学校で働いていた。この学校は、知的障がいをもつ子どもたちの学校であった。

校庭の側には竹林が広がっていた。所有者はいたが、あまりにも広大なため、手入れがされていない自然の竹林のようであった。春になると、そこでタケノコ掘りをさせていただくというのが私たちの楽しみであった。

北国で生まれ育った私にとっては、竹林そのものが珍しく、言うなればタケノコ掘りは異文化体験となる。だから、どのようにすればいいのかまったく分からなかった。地下足袋を履いたベテラン教師と、力のある男子高校生がタケノコを掘っている様子を見ているだけの私、まったく役に立たなかった。

子どもたちのなかに、一人だけタケノコを見つけるのがとても上手な生徒がいた。自閉症のノブちゃんである。

ノブちゃんはいつもニコニコとしていて、フワフワと歩く男の子だった。たぶん、ノブちゃんにしか見えないものや聴こえない音楽があって、それを大事にしながら楽しく生きていたように思える。

ノブちゃんがすごいのは、まだ先っぽしか表面に出ていない、赤ちゃんのタケノコを見つけるところだった。鬱蒼《うっそう》とした竹林のなかで、落ち葉や土を被った下にあるタケノコの頭を見つけるのだ。ノブちゃんが履いていたのは地下足袋では

タケノコ掘り

なくゴム長靴だったが、ちょこんと出ている頭を足の裏で見つけては、「タケノコかい？　タケノコかい？」と、教えてくれた。その様子を見て、ノブちゃんはタケノコを見つける天才だと思った。採れたタケノコは、アクを抜いてから、タケノコ汁にしていただいた。汁には、ベテラン教師が摘んできてくれた木の芽があしらわれていた。このタケノコ汁、ものすごくおいしかった。それ以上に、ノブちゃんが見つけてくれたアクのない赤ちゃんタケノコのおいしさは格別であった。それは、生《なま》のまま、お刺身にして食べることができたのだ。命の息吹を感じる、鮮烈なおいしさであった。

ある日、「多重知能理論（Multiple Intelligence Theory）」という理論のあることを知った。教育の世界では、ＩＱテストで診断することができる「読み書き・計算」の能力を知能として捉えているわけだが、それには八つの種類があるらしい。そもそも知能とは、「人が問題解決を行う際に使う、未来を切り開く力」であるという。つまり、それをどのように活かすかということである。ちなみに、八つの知能とは以下のようになる。

①言語的知能　②論理／数学的知能　③運動／身体的知能　④音楽／音感的知能
⑤対人的知能　⑥内省／自己観察知能　⑦自然認識／博物的知能　⑧空間的知能

この理論を知ったうえでのことだが、「知的障がいがあるとされているノブちゃんは、⑦の知能がものすごく高い」ということになる。一方、私はというと、⑦の知能はかなり低いことになる。タケノコの頭は見つけられないし、サボテンまで枯らしてしまうし、草木の名前となると、まるで覚えることができない。

人の個性は、この八つの知能の強弱や組み合わせによって生まれてくるようだ。人はみんな、それぞれの価値をもつ存在であると、この理論が説明してくれている。それぞれの強みを活かしてこそ社会は成り立つ、ということを教えてくれているようだ。

損しちゃう話

この学校の特徴をいえば、施設に入所している子どもたちのための学校である、ということになる。学校と提携する施設は二つあり、一つは知的障がいをもつ子どものための児童養護施設で、もう一つは重度の「自閉症」と呼ばれる子どものための民間施設であった。

すべての子どもに、施設の入所に至るまでの経緯、つまり家庭生活を送ることができないという事情があった。家庭を離れたことで少しの安堵感はあったようだが、埋められない孤独感にも苛《さいな》まれ、子どもたちは常に葛藤していた。

それに加えて、自らの心身がコントロールできないことの悔しさや、生活をともにする友達との諍いもあった。そして、何よりも、大人からの愛情を渇望していた。

ここで出会った子どもたちとの時間は、驚きと戸惑いの連続であった。とはいえ、本当の希望と勇気を知る日々でもあった。

子どもたちの心の揺れは、時に自他への暴力的な行動となって現れた。感情が暴発したときのエネルギーには鬼気迫るものがある。それは、「この不快感を分かって欲しい」という、いわば究極の表現であるからだ。

そんなとき、とにかく誰もケガをしないようにと配慮して、体力が消耗するのをひたすら待った。大切なのは、落ち着きかけた子どもにどのように対応するかということである。このような場面で、尊敬するゆうこ先生が語りかけた言葉を私は忘れることができない。

ゆうこ先生は四〇代の女性教師で、フラットでありながら大きな包容力があり、大人からも、子どもからも、絶大なる信頼を得ている人であった。ゆうこ先生は、騒いでいた息の荒い子どもを抱き寄せて、子どもの気持ちを代弁していた。

「〇〇だと思ったんでしょう?」

「〇〇をしたかったんでしょう?」

ゆうこ先生は、子どもの思いを汲み取るのが本当にうまかった。私には、その子どもがそんなふうに思っていたとは、まったく察することができなかった。そんなとき、ゆうこ先生はいつも次のように言っていた。

「でも、こんなことしたら、自分が損しちゃうよ。残念な気持ちになっちゃうよ」

そして、続けて、「損しないように、こうしたらいいんだよ」と言って、力で解決しなくてもよい方法を教えていた。

ゆうこ先生が言うところの「損」とは、損得勘定のそれではない。「自分が損しないように」は「自分を大切に」という意味である。「自分を大切にする」という言葉は、愛情を十分に受けてこなかった子どもたちには伝わらないだろう。ゆうこ先生はそのように判断し、「損」という表現を使っていたのだ。

また、ゆうこ先生は、「本当はそんな人じゃないでしょ」とも言っていた。「もっと分かっているはず」、「もっと意識の高い人でしょう」と伝えたかったのだ。言うまでもなく、子どもに自尊心をもって欲しかったのだ。

このような話を、ゆうこ先生の腕の中で、子どもたちはみんな静かに耳を傾けていた。すでに、抵抗することはなかった。

ゆうこ先生は、「軽度の知的障がい」と言われる子どもにも、「重度の自閉症」と言われる子どもにも、話の上手な子どもにも、発語がない子どもにも、同じように語りかけていた。その言葉がすべての子どもに伝わり、理解していることを私は知ることができた。

教師と生徒という関係や、大人と子どもという年齢差、障がいの有無や程度などは一切関係なく、ゆうこ先生は子どもたちを「人」として尊重し、小さな表情や反応からそれぞれの思いをくみ取っていた。

学校での生活は、子どもたちにとって不本意なことがたくさんある。自分の気持ちに折り合いをつけて現実を受け止めるというのは、言葉で言うほど簡単なことではない。しかし、ゆうこ先生のように、成長の途上にある子どもたちを受け止めてくれる大人がいる。だからこそ、子どもたちは安心して学校に通うことができたのだろう。いわば、「生きる哲学」を学んでいたようにも思える。そして、それを学ぶことに喜びを感じていたのだろう。

ゆうこ先生の話

そうですね、「損する」って言っていましたね。幼少期に可愛がられず、自尊心が育っていない子どもたちに、「自分を大切に」という抽象的な言葉は入らないと思って、そういう表現を使っていたのかも。「本当はそんな人じゃないでしょ」とも言っていました。もっと分かっているはず、もっと意識の高い人でしょう、と。

重い過去を重ねた子どもたちと出会い、どうしたらよいのかと毎日考えていました。ネットもない時代でしたので、本を読みながら、毎日、試行錯誤していました。買える本は全部買いました。毎日の子どもたちの一挙手一投足を見て、施設から届く連絡帳の情報を得て、何を考え、どのように感じているのかと推測しました。そして、「○○かな?」と声をかけました。

そのうち、相手が出しているサインに気付くようになりました。言葉や身体的な表現で本心や意志を聞き出すのが難しい子どもの場合、「この人は分かってくれる人だ」と思われないかぎり、サインは出してくれません。そして、出されたサインをすぐにくみ取らないと、再びサインを出してくれなくなります。そのためには、同じところに立ち、相手をリスペクトする姿勢でないといけません。そうすることでサインがキャッチでき、理解することができるのです。

とはいえ、それがスムーズにいかない子どもたちが多かったので大変でしたけど、達成できたらほかの子どもにも使えるスキルとなるので、私は達成感を味わっていました。

今思っても、自分のためになる何かを吸収して欲しかったし、自尊心をもって欲しかった。成長したいと思っているのに気付いてもらえない子どもたちのことを、周り（の大人たち）に気付かせて、一緒に支援をしてもらいたかったのです。

学校にいる三年間（ゆうこ先生と私は、高校生の子どもたちを見ていた）に、自分の価値に気付いて欲しかった。その先にある、人生の指針を示せるような学校でありたかったし、そういう支援ができる人でありたかったです。

ゆうこ先生がこれほどの思いをもっていたとは、当時も今も、私は知らなかった。そして、ゆうこ先生が示してくれたことを「才能」という言葉で表してしまったことを恥じてしまった。確かに、ゆうこ先生は、ほんのわずかな子どもたちのサイン（表情や反応）を見逃すことなく、しっかりとキャッチしていた。

言うなれば、「抜群のセンス」があったということだろうが、それ以上に多大な努力を重ねてこられたのだろう。このようなゆうこ先生の姿勢は、当時の子どもたちのみならず、私のその後の人生をも劇的に変えてくれることになった。

ゆうこ先生の「支援のできる人でありたかった」という言葉に私は衝撃を受けたわけだが、その支援は、子どもたちに向かうものでありながら、ご自身の仕事や、ご自身の生き方に対する哲学であったと思われる。子どもたちだけでなく、ご自分の命に対しても尊厳をもって向き合っていたと思われる。

手放す話

「自閉症」のたくみ君の話である。

当時、高校一年生だったたくみ君には、食べることに対する「強いこだわり」があった。それは、「三度の食事以外は食べない」というものであった。

こうしたたくみ君のこだわりだが、栄養面から言えばさほど問題のないことかもしれなかった。たくみ君は施設に入所していたので、学校給食を含めた三度の食事はバランスのとれたものであったし、偏食でも少食でもなく、それらをきれいに食べていた。

しかし、このような状態は、たくみ君にとっては大問題だった。たくみ君には食への興味や関心があり、本当は食べることが大好きだったのだ。それなのに、「必要以上に食べてはいけない」という負荷を自らにかけていた。

たくみ君

たくみ君がこうした「こだわり」をもつようになった背景には、過去における苦い記憶があった。幼いころにこだわりもなくよく食べていたたくみ君を、周りの大人がたしなめたのだ。それほど、当時のたくみ君は太っていたらしい。そのとき、たくみ君のなかで「食べないスイッチ」が入ってしまったのだろう。それを律儀に何年も貫いて、すっかり痩せた少年になっていた。

たとえば、学校の畑の野菜をその場で食べるとか、授業中におやつをつくるとか、落ち葉といっしょにお芋を焼くといったイレギュラーな楽しみが、たくみ君にはストレスとなった。給食もあっという間にたいらげてしまって、満足な顔をしていない。明らかに、育ち盛りには足りない量である。

そのたびに、「食べる？」とか「お代わりする？」と声をかけるのだが、決まって「食べなーい!!」と大声で断られる。それでも、何度も確認をして、「あなたのことを放っておけないよ」というサインを送っていたが、どうしても助けることができなかった。

そんなたくみ君に転機が訪れたのは修学旅行のときである。宿泊したホテルの朝食がビュッフェ方式であるのを見たとき、「チャンス！　今だ！　このチャンスを逃すな！」という指令がビビビッと走った。はやる気持ちを抑えながら、私はたくみ君にトレーを持たせて、ビュッフェ方式について説明した。

「たくみ君、今日の朝ご飯は、好きなものを自分で選んでよそるんだよ。そして、そのあとにお代わりをするんだよ！」

食べるものや量を自分で決める食事を前にして、不安そうな顔をしているたくみ君に、「大丈夫、一緒にやろう」と声をかけ、平静を装って彼に付き添った。実は、私の心臓はバクバク状態であった。たくみ君がパニックを起こして、大声を出したり、飛び出したりする可能性があったからだ。

私が見守るなか、夢のような食事を前にしたたくみ君が、震える手で料理を取り出した。手を引っ込めそうになったり、泣きそうな目で私を見たりするたびに、「大丈夫、大丈夫」と声をかけ続けた。

そして、たくみ君は、自分で選んだ食事を食べた。さらに、お代わりをすることもできた。「そういう食事だから」という理屈を自らに言い聞かせたのだろうが、やはり食べたかったのだ。本来の願いにつながったたくみ君が、こだわりを手放した瞬間である。満足そうな顔を見て、私は本当にうれしかった。

このような経験は、学校に戻ってからも生きた。給食の時間、たくみ君に「お代わりしようよ」と声をかけると、「お代わりしない！」といつものように叫んでいたが、私を見る目は、「お代わりしたい。できるかな？」と語っていた。

たくみ君に付き添って、私は震える手でお代わりをすくうのを見届けた。そして、満足そうに、そのお代わりを食べた。そんな姿を、担任の教師がパシャパシャと写真に収めてくれた。

お代わりができるようになったたくみ君だったが、やはりお代わりをしないこともあった。お腹の空き具合とかメニューの内容とかによって、それを決めていたのだと思う。「どっちだってよい」という自由の境地が、自分を縛っていたこ、だ、わ、りを手放した先に見えたのだろう。

お代わりをしても、たくみ君は私より食べ終わるのが早かった。ニコニコして、楽しげに一人つぶやくたくみ君の姿を見ながら、私は給食を食べていた。

第6章 チーム学校——外部支援者の声

　二〇二三年に出版した『さらば学力神話』の続編という形で本書を著すことになったわけだが、その経緯をこれまで紹介してきたさまざまな外部支援者に話したところ、それぞれの立場からコメントがいただけることになった。想像以上に保守的で自己防衛的な学校において、支援者たちはどのような思いでかかわってくれているのであろうか。第1章でも紹介したように、当初は教職員との間でさまざまなトラブルがあったことだろう。それらを乗り越えて、自らの役目を果たしてくれた支援者たちの本音を本章で紹介していきたい。

　学校という空間を、教職員だけのものにしてはいけない。できないことは「できない」とはっきり認め、外部支援者の協力を仰ぐほか、地域との連携もますます必要になっていくだろう。そう、「学校は社会の縮図」なのだ。その事実を、言葉だけで終わらせるわけにはいかない。

をいただこう。それでは、垣根の高い学校現場に外部支援者を送り込んできた行政の仕掛け人にまずはご登場

都立学校「自立支援チーム」派遣事業担当者から見た都立高校の課題
（教育庁地域教育支援部主任社会教育主事・梶野光信）

都立高校における中途退学対策が本格化したきっかけは、二〇一二（平成二四）年二月に策定された「都立高校改革推進計画・第一次実施計画」である。この計画を受け、同年七月に東京都教育委員会は、「都立高校中途退学者等追跡調査」（以下、中退者調査）[1]を実施することとなった。この調査は、高校中途退学者本人を対象に、中途退学に至った背景や理由、そして中途退学後の生活状況を把握する目的で行われたものである。このような調査を行ったのは、自治体レベルでは東京都が初めてのことである。

都立高校などにユース・ソーシャルワーカー（以下、YSWと略）をチームとして派遣する都立学校「自立支援チーム」派遣事業（以下、自立支援チーム派遣事業と略）が施策化されたのは二〇一六（平成二八）年度のことであり、中退者調査が行われて四年が経過していた。その間、東京都教育委員会が何も施策を講じなかったわけではない。全日制普通科で、教育困難校として位置づけられている都立高校一〇校を対象に、「中途退学の未然防止と進路未決定者の進路支援

事業」を若者支援NPOに委託し、二〇一三（平成二五）年度から二〇一五（平成二七）年度まで実施していたのである。しかし、この事業スキームは、進路未決定卒業者の減少には効果を発揮したものの、中途退学者の減少については効果を上げなかった。

その理由は、五〇パーセントの生徒が入学した学校を高校一年次に中途退学もしくは転学[2]しており、学年担任団との連携が不可欠であったのにもかかわらず、NPOが入り込む余地がなかったからである。つまり、都立高校の教員たちにとって、NPO関係者はあくまで「学校外（つまり外部）」の人たちであり、個人情報を保護する観点から、協働できる相手と見なされていなかったということである。

「学校外（外部）」の人間ではない立場の者を高校に送り込むしか中途退学の未然防止ができない

（1）詳しくは以下参照。https://www.syougai.metro.tokyo.lg.jp/sesaku/ysw/research.html（最終閲覧日：二〇二三年一二月一八日）

（2）転学とは、高校（都立にかぎらず、国公立や私立も含む）に在学している生徒が、引き続き他の高校の相当学年に入学することをいう。

YSWの仕掛け人、梶野

と考えた私は、「東京都教育委員会職員」という身分を有するYSWを採用するという方法をとった。YSWをチームにして都立高校に派遣するという仕組みは、学校長には受け入れられたものの、教員レベルにおいては（一部の教員を除いて）、現在でも十分に浸透しているとは言い難い。

事業の設計から現在に至るまで、本事業のマネジメントを行ってきた私が感じてきた都立高校の教員たちが抱える課題について私見を述べることにする。

①都立学校「自立支援チーム」派遣事業の仕組み

まず、都立学校「自立支援チーム」派遣事業の仕組みについて簡単に説明したい。

二〇二三（令和五）年四月一日時点での都立学校数は、小学校一校、中学校五校、中等教育学校五校、高等学校一八六校、特別支援学校五八校となっている。この事業の対象はすべての都立学校となっているが、支援の中心は都立高校に置かれている。

自立支援チーム派遣事業には二つのパターンがある。一つは「継続派遣校」（二一九ページの注5を参照）であり、もう一つは「要請派遣校」[3]である。以下では、継続派遣校に指定された学校の取り組みを通じて、私自身の問題意識を論じてみたい。

継続派遣校は、当該高校のタイプ、不登校・中途退学率などを考慮して、東京都教育委員会が指定する仕組みとなっている。二〇二三年度は、四〇校五二課程の高校が指定されている。継続派遣校には、生徒一人ひとりへのきめ細かな校内体制を構築するとともに、効果的にＹＳＷとの連携を図ることを目的に「自立支援担当教員」を校長が指名することになっている。この自立支援担当教員が、保健相談部や教育相談委員会などの校内分掌の中軸を担っている。

また、ＹＳＷは継続派遣校のニーズを把握したうえで、各学校の受け入れ体制、学校管理職の問題意識および自立支援担当教員の取り組み姿勢などを考慮しながら、生涯学習課の判断でＹＳＷの派遣人数と派遣日を決定する仕組みをとっている。

このポイントは、どのＹＳＷを、どの学校に派遣するのかというイニシアチブを生涯学習課がもっているところにある。つまり、学校管理職の積極性や自立支援担当教員の問題意識、養護教諭や教育相談などにかかわる教員たちの姿勢いかんで、ＹＳＷの支援レベルを生涯学習課の意思で決められるようにしているということである。

なぜ、そのような仕掛けが必要なのかといえば、学校管理職や自立支援担当教員の異動などによって高校側の生徒対応が目まぐるしく変わってしまい、せっかく経験豊富で力量の高いＹＳＷを派遣しても、高校側の受け入れ体制によってはＹＳＷの資質や能力がまったく活かされないというケースに何度も直面していたからである。

（３）要請派遣とは、ＳＳＷにおけるいわゆる「派遣型」と同様の仕組みである。

高校全入時代に入り、特別支援学校と高校の関係性がボーダレスになっている今、「教育困難校」と呼ばれる高校には、生徒一人ひとりに適切なアセスメントを行うとともに、「個に応じた支援」体制をつくることが不可欠となっている。残念なことに、この視点に立って学校運営がなされている高校はかなりかぎられている。

自立支援チーム派遣事業の担当者としての私にできることは、生徒一人ひとりを大切に考え、学校運営を進める管理職や心ある教員たちの取り組みを可能なかぎり支援していくことであった。

②なぜ、都立高校に在籍する多くの教員たちの意識が変わらないのか

現在、「チームとしての学校」いう考え方が巷間に流布しているが、実態から見ると、それとは程遠いというのが都立高校の現状である。

「チームとしての学校」が機能しない傾向が顕著に見られるのは、全日制課程の普通科高校を中心とした学校群である。「チャレンジスクール」や「昼夜間定時制高校」といった新たなタイプの高校では、程度の差こそあれ、まだ生徒一人ひとりが抱えている課題にアプローチしようという姿勢が見てとれる。一方、全日制課程で学年制をとっている多くの高校は、教員中心の考え方で動いている。しかもそれは、教員たち個々人の意志でのみ動いている。

その理由を私なりに解釈すれば、それらの学校は、組織ではなく、個人事業主の集まりである

からだ。校長は、商工会の会長的な位置づけでしかなく、学校組織としてのガバナンスが効いていない。

それらの学校に勤める教員の意識のなかには、いまだに「適格者主義」という考え方が根強く残っている。適格者主義とは、高校教育を受けるに足る適格者のみが高校への進学が許されるという考え方であり、それが言われたのは一九六三（昭和三八）年、今から六〇年も前のことなのだ。

当時の高校進学率は約六割を超えた程度の状況だったのに対し、現在の高校進学率は九八パーセントを超えている。高校という制度を取り巻く社会状況が大きく変動しているのに、高校教員の意識は変化していないという現実がある。

二〇一五（平成二七）年一二月二一日、中央教育審議会が「チームとしての学校の在り方と今後の改善方策について」という答申を出した。そこに、以下のような指摘があった。

「チームとしての学校」の必要性

学校が、複雑化・多様化した課題を解決し、子供に必要な資質・能力を育んでいくためには、学校のマネジメントを強化し、組織として教育活動に取り組む体制を創り上げるととももに、必要な指導体制を整備することが必要である。その上で、生徒指導や特別支援教育等を充実していくために、学校や教員が心理や福祉等の専門スタッフ等と連携・分担する体制を整備し、学校の機能を強化していくことが重要である（傍線は引用者）。

　このような「チームとしての学校」の体制を整備することによって、教職員一人一人が自らの専門性を発揮するとともに、心理や福祉等の専門スタッフ等の参画を得て課題の解決に求められる専門性や経験を補い、子供の教育活動を充実していくことができる。

　この答申を受けて文部科学省は、二〇一七（平成二九）年三月三一日付（28文科初第一七四七号）で、「学校教育法施行規則の一部を改正する省令の施行等について」という通知を発出し、スクールカウンセラー（以下、ＳＣと略）およびスクールソーシャルワーカー（以下、ＳＳＷと略）を学校教育施行規則に明確に位置づけた(4)。この改正によって、ＳＣおよびＳＳＷは「チーム学校」の一員となったわけである。

　しかし、都立学校「自立支援チーム」派遣事業がはじまってから八年が経過しているにもかかわらず、継続派遣校の教員のなかでさえ、ＹＳＷの役割を理解していない人が多数いる(5)。なぜ、こうも教員の意識が変わらないのだろうか。私なりに、その理由を整理してみた。

❶学校のガバナンスが効いていない。管理職が組織的に学校を経営（運営）できていない。

・学年団ごとに生徒指導の方針が異なり、安定的な生徒指導が行えない。
・担任が勝手に生徒と保護者との間で進路変更を決め、事後承諾を余儀なくされている。
・単位認定にあたり、校長に与えられた権限が正当に行使できない。

❷教員の多くが十分な社会性を獲得していない。

・生徒たちが抱える家庭・生活環境に対する理解に乏しいというか、なぜ生徒が「しんどい」状況に置かれているのか、理解できない（もしくは、理解する必要がないと考えている）。
・自分勝手に教員の役割を決めている（自分に与えられた校務分掌のみを担当していればよい。部活動の指導だけは一生懸命やる。家庭の事情などの理由がないのに、担任を引き受けたがらないなど）。

（4）　学校教育法施行規則の一部を改正する省令（平成二九年文部科学省令第24号）が平成二九年三月三一日に公布され、同年四月一日から施行された。その改正は、「学校における児童の心理に関する支援に従事するスクールカウンセラー及び児童の福祉に関する支援に従事するスクールソーシャルワーカーについて、その名称及び職務等を明らかにするものであること」（施行規則第65条の2および65条の3）となっている。

（5）　毎年度、継続派遣校ではYSWによる教職員を対象とした「YSW活用研修」が実施されているにもかかわらず、このような状況である。

❸旧態的な学校の組織文化のなかで、教員の役割意識がネガティヴに再生産されている。

- やる気のない生徒たちは学校に来なくてもよいと思っている（適格者主義の意識）。
- 高校の単位すら修得できない生徒は、社会に出ても通用しないと考えている教員が多い。
- 生徒指導は、何かしらの懲罰を与えることを通じて生徒に反省を促すことだ、という考え方から脱却できていない。

なかでも一番の問題は、❸の各都立高校で教員の役割意識がネガティヴに再生産されていることである、と私は考えている。継続派遣校として指定されている全日制普通科の教育困難校のうち、YSWの支援が十分に機能しない高校の多くは、おしなべて教員の平均在職年数が低いという特徴がある。なかには、平均在職年数が三年を切るという高校もある。着任してすぐ担任をもったとして、その生徒が卒業する前に異動してしまう。これでは、生徒が信頼し、安心できる場としての学校が機能するはずがない。

これらの学校に勤める教員の多くは、「うちの子（生徒たちの意）たちには無理です」という言葉をよく使っている。このような教員たちは、いったい生徒たちの何を見ているのだろうかと思ってしまう。

③うちの生徒には本当に無理なのか？

かくいう私自身も、教育困難校の教員たちと同じような思いを抱いていた。二〇〇八（平成二〇）年から一〇年間、ある経済教育団体とのご縁で、夏季休業期間中に都立高校生一〇〇名を「ジョブシャドウイング」(6)（メガバンクの関連企業）をさせていただいた。その初年度のことである。経済教育団体の事務長からの提案を受け、「これは高校生にとって、いい社会経験になるなあ」と思って二つ返事で引き受けたものの、実際に夏季休業期間中に高校生が一〇〇名も応募してくれるのかと不安感を抱いていた。ところが、私の心配に反して一〇〇名をはるかに超える高校生が応募してくれた。しかし、参加希望者の高校名を見て、「これは大変なことになってしまった」と不安になった。参加希望者の半分以上が、いわゆる教育困難校の生徒であったからだ。

世界に名だたる大企業の本社オフィスに、教育困難校の生徒たちが多数訪問する光景なんて想像できなかった。女子は、茶色や金色に染めた髪、化粧やピアス、短すぎるスカート、男子は、ズレパンに個性的な髪型……というのが当たり前であった。

「本当に約束の時間に会場に来てくれるのだろうか」と不安になった私は、急きょ、事前研修会

（6）　半日から一日、企業で働く社会人を観察しながらさまざまな職務を体験し、学校での学習が実社会で必要なスキルや知識の習得につながることに気付かせるという活動。

を企画し、高校生たちの本気度を測ろうと考えた。

さて、研修会の当日。受付に並ぶ生徒たちの列を見て、予想どおり女子も男子も企業のオフィスで「ジョブシャドウイング」をする格好ではなかった。しかし、遅刻せずに研修会場にやって来た。無断欠席をした生徒が一人いたが、九九人が研修会にやって来たのだ。

今回のジョブシャドウイングの趣旨説明、経済教育ゲームを行ったあと、最後の時間は当日の服装についてのお願いとなった。企画担当の私は、企業の方々が受け入れるドレスコードをどうしたら守ってもらえるのかと思案した。その結果、思いついたのが、若手社員の方に研修会に来ていただき、会社とはどういうところで、何のためにドレスコードがあるのかについて直接高校生たちに語りかけてもらうという企画であった。

毎日のように、高校の教師から服装の指導を受け、それでも言うことを聞かない生徒たちに対して、私としては「禁止」とか「規則」という言葉を使いたくなかった。その理由は、ジョブシャドウイングの事業は、社会教育事業として実施するものであり、社会教育の考え方のベースには、本人の主体性を重視するという考え方があるからだ。

高校生たちは大人しく若手社員の話を聞いてくれていたが、本番の日、生徒たちが会場にやって来るまで私の不安は拭えなかった。

「もし、茶髪で、ピアスを付け、化粧をしていたら、髪の毛ボサボサ、ずれパン姿で会場に来たら、企業の人たちに、ここまで精力的にコーディネートしてくれた経済教育団体の人たちにどうやって謝ろうか……」、そんなことばかりを考えていた。

しかし、そんな心配をあざ笑うかのように、八時一五分というかなり早い集合時間にもかかわらず、ほとんどの生徒たちが東京丸の内にある本社前にやって来た。遅刻をしそうな者、急に体調を崩して欠席した者も、集合時間前にきちんと職員の携帯電話に連絡を入れてきた。そして、なんと、服装や髪型もきちんとドレスコードを守っていたのだ！

さらに、ジョブシャドウイング中も至って真面目に参加していた。しかし、社員との昼食を終え、本社の講堂に戻ってきたあとのシンポジウムでは、話を聞いているだけのせいか、疲れて寝てしまった生徒が何人かいた。

私は心の中で、「あなたたちのことを、心のどこかで信用していなかった。本当に申し訳ありませんでした」と、高校生たちにお詫びをした。

このような経験を経て私なりに理解したことは、今時の高校生たちだって、「自分の意思で『やろう』」と思ったこと、つまり自分自身で決めたことにはきちんと責任が果たせるということである。事実、その後一〇年続いたジョブシャドウイングでも、自らの意思で参加した生徒たちの振る舞いはきちんとしたものであった。

それ以来、私は自主性をもってプロジェクトに参加してくる生徒たちには、全幅の信頼のもと、何でも受け入れていこうと決めた。それは、社会教育がもっとも大事にしていかなければならない価値でもあるからだ。

ちなみに、「高校の先生に言われたから参加した」と言う生徒たちには、社員の方々に失礼な態度を取る者が少なくなかった。この差は何から生じるのか、ご理解いただけるだろう。

④生徒たちの自主性・主体性を重視するユースワーク

私が「自立支援チーム」派遣事業を施策化する際、「ＳＳＷ」ではなく「ＹＳＷ」と名付けた理由は「ユースワーク」という考え方をこの事業に反映させたいと考えたからである。ユースワークの定義は次のようになっている。

若者を子どもから大人への移行期にいるすべての人と捉え、若者が権利主体として自己選択と決定が保障される自由な活動の場を若者とともに形成し、若者および若者とかかわる大人やコミュニティ、社会システムに働きかける実践である。(7)

この定義は、立命館大学と京都市ユースサービス協会の共同研究である「ユースワーカー養成研究会」が行ったものであるが、定義の背景にある考え方を以下のように示している。

ユースワークの原則・価値観

・若者を一人の権利主体として尊重し、若者が考え選択しながら行動することを支え続ける。
・すべての若者への機会と場を保障できるようにする。
・若者が主役であり、若者の自己選択と決定に基づいた活動であること。ただし、それは若者相互や若者と「場」におけるやり取りを通しての選択と決定である。
・活動を通した、若者の他者との関わりと、集団の中での学びのプロセスこそが重要なものと捉える。
・個々の若者に問題があるというより社会的な課題の反映と捉える。

目標観

・若者が人間関係を築き、社会性を育む場と経験の機会づくりを行う。
・すべての若者への機会と場を保障できるようにする。
・声にならないニーズを酌みとることができる多様で柔軟な活動を行う。そこから若者の本

（7）「ユースワーカー養成研究会による定義（二〇二一年版）」を参照。https://www.ritsumeihuman.com/wpcontent/uploads/2017/04/dbe8bf04d0b5240f6ea3fb7c8d7bab59.pdf（最終閲覧日：二〇二三年一一月八日）

来的な欲求そのものの形成を支援する。

・大人の価値観による「成長」や「自立」「主体性」を一方的に押し付けず、若者が本来もっている力が全面的に開花しうる環境づくりを目指す。

・若者が所属するコミュニティや社会全体の一員として位置づけられるようにする。

このような「ユースワーク」的観点をもった支援を期待して、「ＹＳＷ」と名付けたのである。

さて、この考え方を都立高校の教員たちにどのように理解してもらうかと考えたところ、「校内居場所カフェ」を設置することが重要ではないだろうかと思い至った。私がこのことを思いつくまでに、さほど時間はかからなかった。

ＹＳＷたちには毎年、年度始めの研修会で繰り返しユースワークの重要性、そして校内居場所カフェの必要性を説いてきたものの、都立高校側に提案することをためらっていた。その理由は、生涯学習課の提案であっても、多くの教員たちが「上（都教育委員会）からの押し付け」と受け止めてしまうと考えていたからだ。要するに、学校・教員側から、内発的に「校内居場所カフェ」の提案が出てくる時期をひたすら待っていたのだ。

「校内居場所カフェを設置してみたい」という声が八王子拓真高校から上がってきた。二〇一九年度末のことだった。西村由夏主任教諭（当時）の提案を磯村校長（当時）が受け入れようとしているという話をＹＳＷから聞き、私はすぐに八王子拓真高校に向かった。

「校内居場所カフェは教員で運営します」というのが、西村先生から発せられた言葉だった。この考え方を否定せず、校内居場所カフェの取り組みにＹＳＷを入れて欲しいと懇願し、一緒にコンセプトを考えることにした。

高校という現場では、その高校の教員たちが主役となるため、なぜ高校に「校内居場所カフェ」が必要なのか、ＹＳＷによるユースワークが必要なのかについて、教員たちにどうしたら理解してもらえるのかと逡巡していた。

そんなとき、国立市にある通信制高校「ＮＨＫ学園」において、大阪府立西成高校で「となりカフェ」を立ち上げた「一般社団法人 office ドーナツトーク」（連絡先・office.donutstalk@gmail.com）の辻田梨沙さんの講演会があった。そこには、西村先生の姿もあった。

講演会終了後、西村先生の「居場所カフェは、教員が表に出てはいけないところなのですね。今日の話を聞いて分かりました」という発言を聞いて一気に問題は解決し、二〇二〇年度から八王子拓真高校での「校内居場所カフェ」の取り組みがはじまった。

「クローバー広場」と名づけられた校内居場所カフェは、現在週二回（木曜日と金曜日）のペースで実施されており、その運営はＹＳＷが中心になって行い、保健相談部の教員たちがその動きを支えている。

「office ドーナッツトーク」の設立者である田中俊英は、サードプレイス[8]としての校内居場所カフェがもつ力として、①安全・安心な居場所、②初期的なソーシャルワーク、③文化の提供を挙げている[9]が、これらはすべて「クローバー広場」におけるYSWの役割に合致している。

校内居場所カフェを構成する要件として「交流相談」や「信頼貯金[10]」という考え方がある。カフェのスタッフが安全・安心な居場所を提供することで高校生と信頼関係をつくり、高校生との他愛もない会話からその生徒が抱えている「声にならないニーズ」を把握し、それを踏まえた支援を行うというスタイルを構築することで、不登校や中途退学の未然防止を図っている。

八王子拓真高校の校内居場所カフェ「クローバー広場」

都立学校「自立支援チーム」派遣事業に取り組んだ八年間を通じて私が痛感していることは、現在の高校教育システムのままでは、複雑かつ多様な背景をもって入学してくる生徒への対応が困難であるということだ。これまで高校の教員たちは、適格者主義の考え方を背景にもち、工業化社会に適応する人材育成を前提とした枠組みに基づいて教育活動を実施してきた。そのやり方自体に限界が来ているのではないだろうか。

それを裏付けるデータとなるのが、毎年秋に公表される文部科学省「児童生徒の問題行動・不登校等生徒指導上の諸課題に関する調査」の結果である。二〇二〇（令和二）年から二〇二二年度にかけて、小中学校における不登校者数がこの二年間で約九万人増加し、約二九万九〇〇〇件に上るという。これらの層が、次年度以降、確実に高校に入学してくるのである。

近い将来、高校教育システムの抜本的見直しを行うべきことは言うまでもない。実際、そのような検討が中央教育審議会で進んでいる(11)。

システム改革には時間がかかる。まず取り組まなければならないのは、高校教員の意識改革である。そのなかでも必要不可欠となるのが、生徒観の抜本的な見直しである。具体的に挙げると、以下のようになる。

---

(8) 自宅や学校、職場でもない居心地のよいカフェなどの「第三の場所」のことを指す。アメリカの社会学者レイ・オルデンバーグ（Ray Oldenburg, 1932～2022）が提唱したもの。

(9) 田中俊英「サードプレイスの力」、居場所カフェ立ち上げプロジェクト編『学校に居場所カフェをつくろう！生きづらさを抱える高校生への寄り添い型支援』明石書店、二〇一九年、一七～一九ページ。

(10) 石井正宏「生きるストライクゾーンを広げる」、注９前掲書、一三ページ。

(11) 中央教育審議会初等中等教育分科会「高等学校教育の在り方ワーキンググループ」中間まとめ（二〇二三年八月三一日）を参照。

❶複雑で多様な家庭・生活背景を背負いながら生徒たちは高校に通っているという事実を理解すべきである。
❷生徒にとって教員は権力者的な存在であるため、生徒が教員に見せる顔、姿だけで「生徒のことを理解している」といった勝手な判断を下さないこと。
❸高校教育を取り巻く社会的状況が大幅に変化している（誰でも、希望すれば高校に入学できるなど）ことを踏まえ、高校教育においても「個に応じた支援」という観点をもち、SCやYSWなどの専門人材と緊密な連携を図り、生徒への指導を行うこと。

私自身としては、これからも現場にかかわりながら、これまで述べてきたことの意味を高校の教員たちに伝える作業を続けていきたいと考えている。

ギリギリを生きる生徒たち

（三好布生加《ふみか》・スクールカウンセラー）

これまで私は、西多摩にある三つの高校でスクールカウンセラーを務めてきた。同じ地域であっても、学校によって生徒の状況や特性は大きく違っていた。そして、スクールカウンセラーをはじめとして、外部支援者をどのように活用するのかについても、学校の組織体制や校長の考え方で大きく異なっていた。そのようななか、高校においての通級（八七ページの注参照）が開始され、発達特性に合わせた支援が開始されたことをうれしく思っている。

とはいえ、中学校までの工夫を認めたうえで自立を控えた高校生としての「プラスα」の対応を生徒に提案しても、「今までの方法でいい、大丈夫」と諦めているような表情で返事が返ってくる場合が多かった。

「困った生徒」はいつもギリギリを生きている。「前もって課題提出」ができない生徒に、「自分では間に合うから大丈夫と思っているだろうが、いつもギリギリだし、間に合わなくなるからダメです」と伝えても、それを理解することができない。本来は、もっと早く、ギリギリを生きなくてもいいように小学校や中学校で支援をしておくべきである。

二〇一五年からは、個人面談において「トラウマインフォームドケア[12]」という視点を増やしている。また、「逆境的小児期体験研究」（ＡＣＥｓ：The Adverse Childhood Experiences Study）においては、その得点（一〇項目）が高い場合（累積すると）、

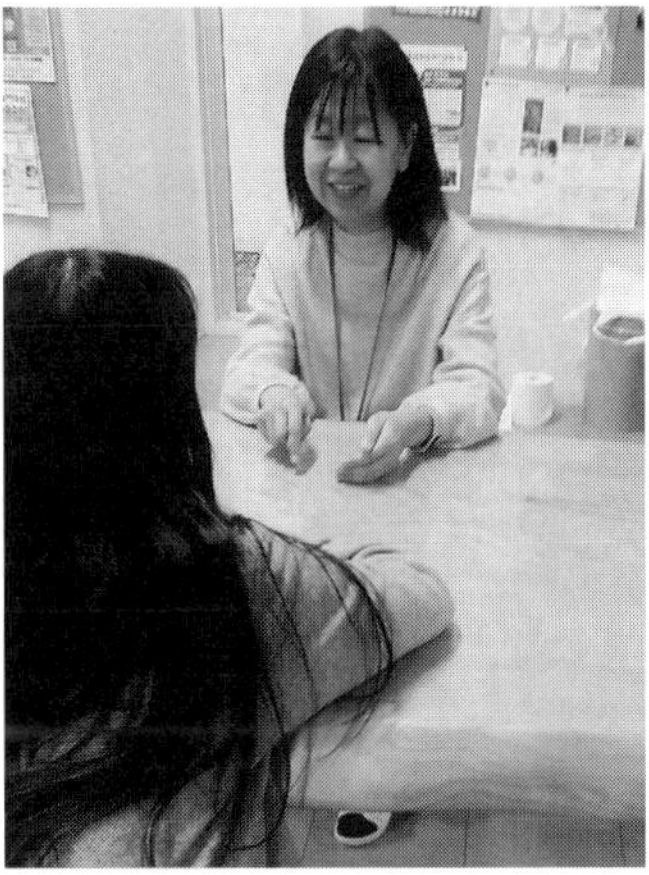

生徒の悩みを聞く三好

精神疾患のリスクを高めることが明らかになっている。

さらに、いじめ、貧困も含めた拡大版もすすめられており、本書に登場する「困った生徒」の場合、多くの項目にチェックがつくことだろう。もちろん、世代間という問題も大きい。

貧困と精神疾患における相関はまちがいなくある。中卒ではなく、高校を卒業しようと入学したけれど、朝起きられず、遅刻した生徒に対しては、やはり「よく来たね」と言ってあげたい。でも、勉強は苦手で、分からないことに耐えられず（神経系）、ぼんやりとどこかに行ってしまう（解離）とか、ザワザワと違う行動をとってしまう。要するに、学習に向き合うことに困難を抱えているわけである。決して、怠けているわけではないのだ。

一方、テストで「よい点が取れた」と報告してくる生徒もいる。教師からすれば、「簡単な問題だから当然」と言われるかもしれないが、「困った生徒」にこそ、安全（清潔）な場所で、分かる、楽しいなどといった、ワクワク感のある学習環境が望まれる。「勉強が分からないときにあなたの神経は追い込まれる。それに気付いたら、○○をしたらよいよ」と教えて欲しい。

分からないことは、別に恥ずかしいことではない。そもそも、教師だからといって何でも知っているわけではないだろう。分からないことを教えてもらうのが学校なのだ。そして、「分かった」という実感をすることによって楽しくなる。

それをふまえた、安全な学校環境がつくられることを期待したい。

元教員がYSWの仕事に就いて

（斎藤晴子・ユース・ソーシャルワーカー）

都立高校の教員として三〇年近く働いた私だが、担任として中退する多くの生徒に出会ってきた。中退していく理由は人それぞれで、それが絶対的に悪いことだとは今も思っていない。事実、中退したあと、きちんとした将来計画のもと、次のステップに歩み出した生徒もいた。とはいえ、やはり高校中退というものは、社会的には不利となる。だから、中退の未然防止がユースソーシャルワーカー（YSW）における仕事の目的の一つとなっている。

YSWの仕事に就いて感じることは、困難な課題を抱えた生徒には時間が必要であるということだ。しかし、高校という現場では、基本的には三年（四年という学校もある）という年月のなかですべてを行うことが要求されており、その最

(12)　TIC（Trauma-Informed Care）目の前にいる人にトラウマがあるかどうかは分からなくても、トラウマを体験してるかもしれない、その影響が残っているかもしれない、という視点でかかわること。

生徒と話す斎藤

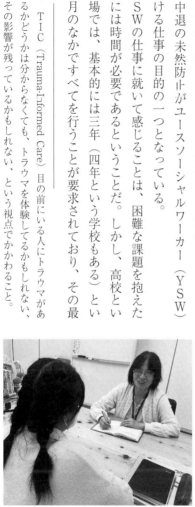

前線に教師がいる。

毎日の授業や生徒指導、会議をこなしながら教師が生徒の問題に向き合う。多くの教師の働きには頭が下がるが、その問題は三、四年という期間限定の話である。課題を抱えた多くの生徒の困難さは、三年や四年では終わらないのだ。だからこそ、YSWという存在の意味がある。

外部からの考え方や見立てが、高校生のうちに必要である。中退するか否かの問題よりも、広範囲にわたる課題に対する把握が必要となる。たとえ課題が解決されなくても、YSWとの面談や情報のやり取りによって、その生徒が、学校や家庭以外の人と接し、学校や家庭のなかにこもってしまうという状態を防ぐことが、「将来への重要な一歩になる」と考えている。

仮に、将来においてその課題が解決されなくても、人が生きていくことには意味があり、それを支援する体制を社会が用意しておくことが大切である。時には失敗もしたが、YSWの仕事に就いて私が得たものは、そのことである。

教育と福祉の間にある若者支援

（井村良英・認定NPO法人「育て上げネット」執行役員）

「話やすいです。井村さんは、明日僕が会いたくないと思ったら会わないでいい人だから」

「めっちゃ物知りの、どんなバカなことでも一緒に考えてくれる親戚のおじさんみたい」

「学校で先生が紹介してくれるから安心して話せる。駅前で、誰の紹介でもなく出会っていたらこうはいかないでしょ」

学校のなかで、ライフキャリア支援に詳しいNPOの人として、先生でもなく、保護者でもない立場で一緒に卒業後の進路について考え続ける僕たちに対する子どもからの評価は、一五年変わらずこんな感じである。

毎回、子どもたちから本音で話をしてもらえるかと、オーディション審査を受けているような気持ちで接している。話を聞いたあとは、本人の許可を得て、すぐに先生方に内容を伝え、時間的な負担がかからない形で共有し、翌日からの生徒指導に生かしていただけるようにいつも心がけている。

先生の「部下」として、みんなで子どもを育てるチームの一員として、僕たちの仕事におけるスタンスは一五年前から変わらないが、「生徒のことは教員だけで指導すべき」と考えていらっしゃる先生とは、「当初はぶつかる」という状況もあまり変わっていない。NPOの職員が志の高いことを言えば言うほど、「うさんくさい」と思われてしまうことが多い。

生徒に説明する井村

本書にも、ナミコ教諭と最初にぶつかったときの話が詳しく記されているが（五八ページ参照）、教員としての矜持《きょうじ》を尊敬しつつ、学校のなかで子どもたちにかかわり続けていると、最初に強く反対された先生ほど、積極的に僕たちのことを活用されるようになる。僕たちが聞き取った情報と見立て、そして卒業後も含めたかかわり方について、静かに聴きながら、ご自身の生徒へのかかわり方について確認されている先生がほとんどである。

「僕は勉強もできないし、バカだから」と言っている生徒が、アルバイト先では、ポテトを揚げることが一番上手で表彰されていたりもする。「私には見えない障がいがあって、それが理由で朝起きれなくて、毎日遅刻ばかりで……。先生からも、進路が決められないと言われているんです」と言っていた生徒が、インターネットを活用した活動で高い社会的評価を得たりもしている。「○○ができないとダメ」とか「○○ができないと社会でやっていけない」といった指導の積み重ねで、一部の子どもたちは自立のために一番大切な自尊心や自己肯定感を失わされている。社会のあり方がかなり多様になってきている現在、門外漢の外部者としては、生徒自身がダメだと思うような評価ではなく、自らに自信がもてるような、個別最適な評価方法に変えたほうが先生も指導がしやすいのではないかと思う。先生の「部下」として、子どもたちのなかにある社会的な価値に、一人の大人として光をあて、一人ひとりの元気と勇気を回復するお手伝いを続けている。

「痒いところに手が届く」とか「卒業した生徒が生きていることを聞けただけでもありがたかった」といった評価を先生からいただいているが、これも一五年間変わっていない。教育と福祉の間に「若者支援」があれば、先生や生徒、そして保護者も「楽」になるのではないだろうかと考えている。

外部から公立高校を見て

（戸高礼司・星槎《せいさ》国際・秋川高等学院サポート校代表）

私が運営している秋川高等学院とは、さまざまなことが原因で不登校になった子どもたちや高校中退者などを対象として、広域通信制高校である「星槎国際立川学習センター」と連携した学びのサポート校である。ＪＲ秋川駅の北口にあるビルの三階が事務所で、月、水、金曜日の一〇時から一二時までを通学時間とし、学校には足が向かなかった生徒が通う場所となっている。ここで私たちは、子どもたちが社会に踏み出せるように、全力でサポートを行っている。

このように、外部の人間である私だが、都立高校の内部を

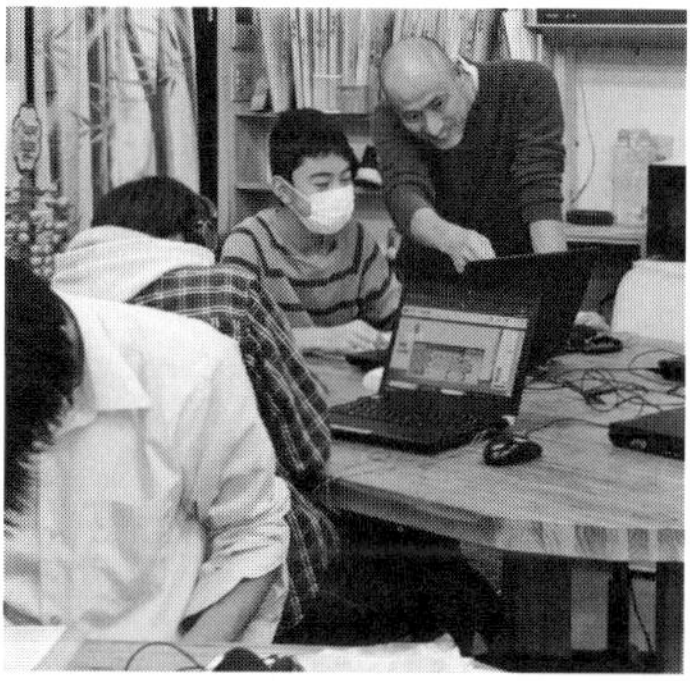
生徒に教える戸高

垣間見る機会を数多くいただいた。しかし、その機会は、公教育の理想と現実を直視することともなり、私自身の人生をも変えてしまう機会になってしまった。

最初は、地域にある高校の「学校運営連絡協議会」に協議委員として参加した。学校運営連絡協議会とは、地域の有識者から学校改善の意見や地域との連携について提言してもらうという会議の場である。

正直に言うと、最初は本当に軽い気持ちだった。しかし、参加していくうちに学校の問題点などが見えてきて、「これはどうにかしないといけない、子どもたちを助けたい」という危機的な気持ちに変わり、さまざまな発言をする機会が増えていった。当時、私はサラリーマンを経て会社を立ち上げていたばかりなので、その目線からの改善点がいくつも考えられた。

しかし、一年が過ぎたころ、私のなかにある疑問が湧いてきた。「この会議に何か意味があるのか」ということだ。問題点は、次々と理由づけされては棚上げされ、やがて風化していき、最後には存在すら忘れ去られ、次に指名された新人の協議委員が私と同じような発言をしていくのを聞くだけの会議となっていた。

忙しい時間を縫って地域の方々が出席している会議のはずが、学校の「ガス抜きタイム」と化していたのだ。最初は格闘していた私だが、だんだんとガスに酔ってきて、気が付けば窒息死寸前であった。

二年が過ぎたころ、学び直しの高校で校長をしている人（本書の編著者である磯村元信氏）に、「うちの学校の授業に来い」と言われた。「えっ、何をするんですか？　私は教員免許をもっていません」と言うと、その校長は、「いいんだよ、お前にしかできない指導ってのがあるはずだから、それを自分で考えて指導しろ」と返された。

教員免許をもっていない私がチームティーチングで受け持ったクラスは一年生だった。一年生とはいえ、なかなかのツワモノがいて、若い教師が返り討ちに合っている様子を何度も見かけた。私なりにそれらの「困った生徒」と向き合いながら、時には生徒に声を荒げたこともあったが、若い先生たちのヒントになればと思いながら役目を務めていた。それが、私に期待されたことであったのではないかと考えていたのだ。

毎年、年度が終わるころには、それらの「困った生徒」が一人抜け、二人抜けという状態であった。この学校は「困った生徒」であることを前提に入学させているはずなのに、なぜこんなにも生徒たちが抜けていくのか。すべて受け止め方の問題ではないだろうかと、外部の人間ながらやるせない気持ちでいっぱいであった。

しかし、三年もお世話になると、どうしてもどこかで画一的にならざるを得ない公教育の難しさ、そのルールのなかで最大限を求めていくことを余儀なくされている教師の日々が分かるようなった。もちろん、私が導き出した自分勝手な答えである。

とはいえ、仮にそうだとしたら、難しさや困難を抱えている少数の生徒たちはいったいどうすればいいのだろうか。教師の個人的な成長を生徒たちは待ってくれない。彼らに必要なケアは、「今」という瞬間なのだ。私の疑問や自分勝手な答えなどは何の解決策にもなっていない。そして、気が付くと、「子どもたちを私の手で何とかしたい」と考えるようになり、それが私のライフワークにおける目標となっていた。

その解決方法として、冒頭に示したように、通信制のサポート校を立ち上げることにした。それから三年、現在、さまざまな方々から助言をいただきながらなんとか運営している。学び直しの高校にかかわったことで人生を変えられた一人、それが私である。そして、人生で本当に大事にしなければならないものを教えてもらった、と感謝している。そのお返しを、今後も続けていきたい。

「放課後就活部」というサポート

（飯田久美子・キャリア・サポーター）

ある都立高校に週一日のペースで訪問し、「放課後就活部」という進路指導のサポート活動を行っている。その高校では、進路未定のまま卒業していく生徒や、志望企業を選べずに進路指導から外れてしまうという生徒の増加傾向があり、重要な課題の一つとなっている。生徒の声を聞くと、「やりたいことが分からないからフリーターでいい」といった意見が多く、在学中に職業理解を深め、自分の進路について考える機会を積み重ねることの必要性を実感している。

　そのため「放課後就活部」では、学校生活のなかではなかなか出会うことのない職業人を招き、その仕事を生徒に体験してもらいながら、「働くこと」を学びとるという職業体験イベントを定期的に開催することにした。美容師、ホテルマン、エステティシャン、プログラマー、営業マン、ＳＮＳマーケッターなど、さまざまな業界で活躍する現役のプロをゲスト講師として招いて、実施してきた。

　生徒たちはさまざまなことを感じ取っているようで、次のような感想を述べている。

「人の肌に触れるのは緊張した！」

「ちゃんと技術を身につけた人でないとできない仕事だということが分かった」

「大人って大変だなって思った」

「カッコいい仕事だと思って憧れていたけれど、陰でものすごく勉強しているんだってことが分かった」

「販売と営業の違いが分かった」

生徒に説明する飯田

「遠い世界の仕事だと思っていたけど、意外と自分にもできるんじゃないかなと思った」

このような体験を積み重ねていき、柔らかい感受性でさまざまなことを感じ取り、少しずつでもいいから、自らの進路について考えを深めていって欲しいと思っている。

とはいえ、このような機会は一過性の刺激を与えるだけで終わってしまいがちである。それが課題と感じ、二〇二三年度からは、イベントのチラシを手元に置きながら、毎週、下足箱の横で「放課後就活部相談ブース」を出すことにした。イベントの話をきっかけにして、生徒のふんわりした進路に関する迷いや学校生活のちょっとした悩み、家庭の話や恋愛の話、学校への不満や愚痴などを、このブースで聞いている。

さまざまな生徒が立ち寄ってくれるようになったが、このブースがターゲットにしている生徒は、普段教師と積極的に接点をもとうとしない生徒たちである。具体的なトラブルを抱えている生徒たちはSCやYSWに直接つながり、フォローできる体制がこの高校には整っている。それゆえ、このブースは、相談室に出向くほどの事態には至らない悩みや、相談室のようなところに行きにくい生徒がフラっと立ち寄れる「居場所」でありたいと思っている。

印象的な生徒がいた。人懐こく、一学期から毎週ブースにやって来て、近況を報告してくれる一年生のY君である。同級生のなかで人気者である彼は、友達と一緒に来るときは元気に騒いでいるが、ポツンと一人でブースに来るときは、何かを話したそうな様子を見せていた。

アルバイトの話をきっかけに、彼が週六日働いており、その収入の半分を親に渡していることを知った。それほどアルバイトに精を出さなければならない理由は家庭の経済的な事情であり、「兄弟が多いため、自分が働かなければならない」と話していた。

母親は実母だが、父親は「四人目の親父」とのことである。とはいえ、父親との関係は円満で、入学式の際、一緒に撮った写真を見せてくれた。二学期になって、「夏休みはどうだった？」と尋ねると、次のように不安の声を漏らしていた。

「アルバイトばっかりしていて、もう疲れた。時間がないから勉強もできないし、授業も全然分からない。学校は、友達もいて楽しいから通いたいけれど、卒業まで行けるかは、うーん……」

もし、進級できなかった場合は、「父親と同じ塗装関係の仕事に就くつもりだ」と話していたが、それが自分のやりたいことなのかは分からないと、悩ましい表情を見せていた。

本校が独自に設けている「SJS（seito jiritu sien・生徒自立支援）ルーム」には誰かしらYSWやSCが来ていることを伝え、「いろいろな大人と話しながら考えていくと刺激になるよ」と促すと、後日、「SJSルーム」を訪れてくれた。迷いながら学校生活を送っている彼を、支援者たちが連携して見守っていけたらと思っている。

もう一人紹介しよう。

H君はあまり大人を信用しておらず、自分たちZ世代の若者の考えていることなど、「先生たちには分からないさ」と、冷ややかな態度をとっていた。

ある日、私が高校生ビジネスプランコンテストのチラシをブースに置いて、「興味のある人いないかな」と案内していると、「こんな高校で、こんなイベントに興味もつ奴なんていない。だって、バカなんだからさ」と、強く否定してきた。「勉強ができることと社会に出て活躍できる人とは違う。この高校の生徒たちは『生きる力』をもっていることに私たちは期待している」と伝えると、苦笑いをしてその場を去っていった。

その後、しばらく顔を見せなかったが、ある日ブースにフラっとやって来て、「ねえ、あれどうなったの？　コンテストみたいなやつ」と声をかけてくれた。「興味があるの？」と問うと、「俺、将来、自分で何か事業をやりたいんだ」と言う。残念ながら、そのコンテストのエントリー期日は過ぎていたが、「何かまた情報があったら教えるね」と言うと、「うん」と大きく頷き、初めて笑顔を見せてくれた。

この高校の生徒たちは、偏差値基準で評価される学校という狭い社会のなかで誇りを失い、圧倒的に成功体験が足りていないように感じる。自分たちはダメな高校生で、期待されておらず、SNSなどで仕入れるキラキラしたインフルエンサーたちの存在と自らの格差に悩みもがき、諦めてしまっているように感じる。自分たちはダメだから、横並びの友人たちと一緒にいるほうが居心地がよく、その状態で高校生活を満喫しているように見える。

それを邪魔する教師たちや校則を面倒くさく感じ、エネルギーのある生徒ほど激しく抵抗し、そして退学に追い込まれている。しかし、このような生徒たちがもっている「生きる力」はまちがいなく社会に必要な力であり、一年生の段階から正しい社会とのつながり方を意識しながら支援さえできれば、中退や進路未決での卒業というケースは減るだろう。

そのためにも、さまざまな大人がスタンバイし、その支援者たちがきちんとお互いの専門性を尊重し、連携するという体制が必要となる。さまざまな価値観をもつ大人が校内に存在すれば、多様な生徒へのフォローが可能になる。

私自身、高校時代に荒れてしまい、大学への進学ができずに高卒フリーターからスタートしたという経験がある。この高校の生徒のように「ダメだ」というレッテルを貼られたところから社会で歩みはじめ、そこで得た喜びや感動を生徒に伝える立場、つまり支援者として存在していきたいと思っている。

毎週、必ず昼休みと放課後にブースに座っている「近所のおばちゃん」といった存在として、今後も支援事例を積み重ねていくことにする。

エピローグ

そろそろ物語の幕を下ろすときとなった。これでもかというように「困った生徒」の物語を書き連ねてきたわけだが、最後に番外編として、規格外の外部支援についての物語を紹介したい。「とことん生徒の面倒を見る」、すなわち「誰一人として取り残さない」ということがどういうことなのか、それを一緒に考えていただくために、もう少しだけお付き合い願いたい。

規格外の外部支援

大柄で、太鼓腹の大堤工務店の寅次郎社長が校長室を訪ねてきた。

「おう、兄弟。うちの会社で近くの工事を請け負うことになってね。ついでに兄弟の学校を見に来たんだよ」

「社長、お久しぶりです。公園の向こう側にある、五日市線のアンダーパスの工事を請け負ったんだ。学校の近くだから、いつでも遊びに来てください」

寅次郎社長は九州の長崎出身で、高校時代に相撲でインターハイに出場している。高校を卒業後、長崎から乗った船が運悪く神戸に着いてしまい、そこでヤクザな世界に入ることになったという。その後、足を洗って上京し、八王子で工務店を経営することになった。

社長と愚禿《ぐとく》の関係は、社長の息子二人を、愚禿が顧問をしていた工業高校の柔道部で面倒を見て以来の、三〇年という長い付き合いとなる。愚禿がトラブルに巻き込まれると、決まって社長が助け舟を出してくれた。

大雪でカーポートが崩壊して車が押しつぶされそうになったときも、社長の命令で息子が大雪のなかを駆けつけて、車を救い出してくれた。柔道部のいじめ問題で顧問の愚禿が保護者から教育委員会や警察に訴えられたときも、社長が一升瓶を持って、「何か困ったことがあったら何でも相談しろよ」と駆けつけてくれた。とにかく、困ったときの寅次郎社長、なのである。

そんな社長が、愚禿の掲げた「とことん生徒の面倒を見る」の看板を見て、何か違和感を抱いたようで心配そうに尋ねてきた。

「兄弟。高校に『とことん面倒を見る』なんて看板掲げて、大丈夫か？」

「どうして？」

「面倒を見るちゅうのは、面が倒れる、つまり死ぬ覚悟でやるということなんよ。しかも、『とことん』なっていったら、命がいくつあっても足らんのと違うか」

「そこまでは考えていなかったな。だから、先生たちがしり込みをしているんだ」

娑婆《しゃば》で命のやり取りをしてきた社長の言葉に、愚禿はいたく納得した。

以前、愚禿《ぐとく》が教頭を務めていた工業高校でもこんなことがあった。その工業高校は、生徒の荒れがあまりにひどかったので、愚禿が寅次郎社長を呼んで、「君たちはいかに生きるか」というテーマで講演会をやってもらっている。

講演会当日、体育館に集められたやんちゃな生徒は、てんでバラバラに座り込んで勝手におしゃべりをしていた。そこへ愚禿と一緒に寅次郎社長が入場してきた。すると、一瞬のうちに生徒が静まり返ってしまった。

寅次郎社長は、生徒がだらしなく投げ出していた足をわざと蹴り上げ、大声で怒鳴った。

「俺は、この教頭から何をしてもいいと言われているんだ！　覚悟しろ！」

一瞬、生徒と教員の視線が愚禿に刺さった。

「いいか、世の中で生きていくのに、一番大切なのは、頭の良し悪しじゃあない。心の良し悪しだ。心は、態度を見れば分かる。お前らの態度は、お客さんを迎える態度か！　しっかり前を向いて人の話を聞け！　社会に出たら、こんな態度だとまるで通用しないぞ。この一番だらしないクラスの担任は誰だ！」

生徒の後ろで話を聞いていた教員集団が凍りついた。

この講演会は、異常な緊張感と静寂のなかで終了した。生徒や教員がこれほど真剣に人の話を聞くという講演会を見たことがない。そして、翌日に職員会議があり、「誰があの社長を呼んだのか」と大炎上になってしまった。

一年生の小作吾郎は、定時制高校の三年生のときに同級生を妊娠させてしまった。その責任を取って、働いて一緒に生活するために学校を退学した。しかし、彼女ともケンカ別れとなり、もう一度高校生をやり直すためにこの西多摩高校に入学してきたという生徒である。

野球が大好きで、部活動を熱心にやっていたが、彼女との間に大きな借金があるらしく、家のお金を盗んだり、野球部の部員や同級生からお金を借りたりするようになった。元々、親との折り合いが悪く、子どものころから施設で育ったということもあり、勘当同然に自宅を追い出され、ネットカフェや公園で野宿するという日々を送っていた。そんな状況を心配したクラス担任と野球部の顧問が、愚禿のもとに相談に来た。

「校長、無理な相談があります。うちのクラスの小作吾郎のことです」

「あの定時制から来た生徒のことか、無理な相談？」

「吾郎は、家を追い出され、今はまったく学校に来ていません。バイトのお金でネットカフェに泊まり、お金がなくなると公園で野宿をしているようなんです。木枯らしが吹くようになって、一段と寒くなってきたので、このままだと凍死するかもしれません」

「それは大変だ。どこかで面倒を見てくれるところがないのか？」

「二〇歳を過ぎているので、児童相談所などは対象外です。どこか住み込みで働けるところはありますかね？」

「ないこともないけどね。ちょっと相談してみるか」

愚禿が寅次郎社長に電話すると、二つ返事で、「すぐに連れてこい」ということになった。早速、本人と担任と顧問を連れて社長の会社の社員寮に向かった。そこは従業員のための二階建ての寮で、すでにその一室がきれいに片づけられていた。

強面で巨漢の社長を見た吾郎、マジでビビっていたが、社長は満面の笑みを浮かべながらやさしく吾郎に言った。

「今日からここで寝泊まりしろ。仕事はいつからはじめてもいい。これが部屋のカギだ」

こうして吾郎は、社長の工務店で働くことになった。

寅次郎社長は、社会の底辺をさまよう「困った人」を、この寮に何人も住まわせてきた。そのなかには、病気で仕事ができない人、家族とのつながりが切れた人、薬物依存症や前科のある人などもいる。普通ではとても付き合いきれない「困った人」とどこまでも付き合おうとする、それが社長の「覚悟」なのかもしれない。

「とことん面倒を見る」、「どこまでも付き合いきる」、言葉にすれば簡単だが、その覚悟がどれほどのものか、それが問われる厳しい言葉である。

「誰一人として取り残さない」、「個別最適の学び」などのキーワードを気軽に使っている教育行政の役人や教育関係者がどこまでこの覚悟をもっているのかと、考えてしまう。予算を取って仕組みをつくることも大変だが、深刻な課題を抱えた「困った生徒」一人ひとりを本気で面倒見ること、付き合いきることが、何十倍も何百倍も大変であることを社会の人たちはどれほど理解しているだろうか。

その後、吾郎は学校をやめて、会社の寮に住み込み、社長の息子のもとで一所懸命働いたが、一年も経たずに、突然寮から失踪した。愚禿が寅次郎社長に「迷惑をおかけしました」と謝罪すると、笑いながら社長が言った。

「兄弟。また『困った生徒』がいたらいつでも送ってくれ。俺が面倒を見るからよ」

なぜか寂しい教師たち

最近、面白い本に出合った。著者はすでに他界しているが、その奥さんが『学習塾の可能性（福生・タメ塾の記録）』（ユック舎刊、工藤定次、一九八二年）の復刻版を上梓したのだ。

――いまの社会と大人たちは、何と子どもに冷たいのでしょうか。この大人の冷たさが、残念でなりません。社会が一丸となって、子どもを心配しているようなポーズは横行していますが、それは見せかけだけであって、何も子どものためにはなっていないのです。

（工藤定次・工藤姫子『さらば寂しすぎる教育』新評論、二〇二三年。もくじ裏の「旧版より」抜粋）

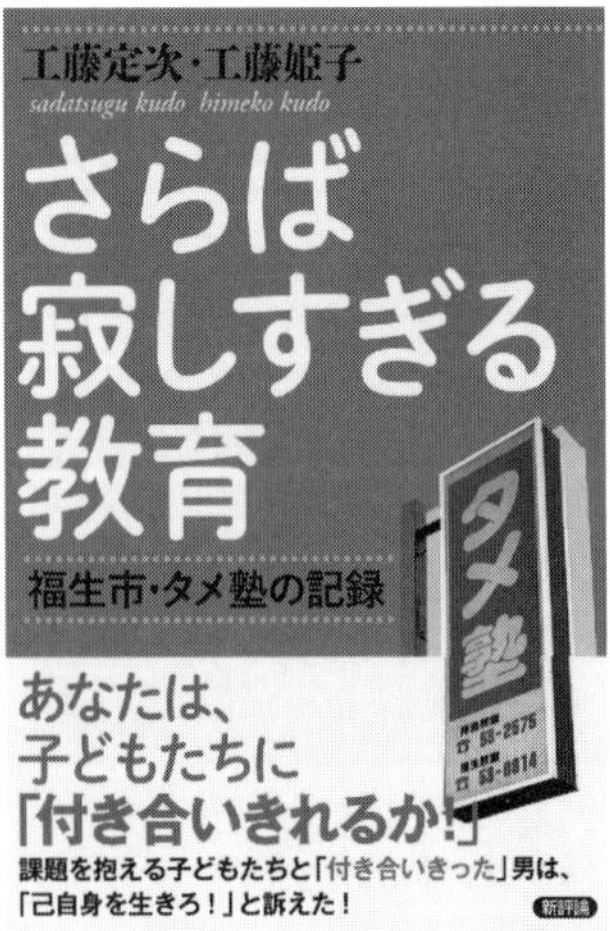
工藤定次・工藤姫子
sadatsugu kudo himeko kudo
さらば寂しすぎる教育
福生市・タメ塾の記録
タメ塾
あなたは、子どもたちに「付き合いきれるか!」
課題を抱える子どもたちと「付き合いきった」男は、「己自身を生きろ！」と訴えた！
新評論

四〇年以上も前に書かれた本の著者である工藤定次さんの「教育とは、ひたむきに子どもたちに接し続けることだ」という言葉は、今も色あせていない。むしろ、現在の施策やキーワードが最優先という教育の「心のなさ」を浮き彫りにしている。社会が一丸となっているかのような「誰一人として取り残さない教育」が、見せかけのポーズに終わらぬにようにと、警鐘を鳴らしているかのようだ。

「困った生徒」のために「タメ塾」を経営していた著者が、学校教育に抱いた違和感を紹介しよう。

困窮の極みにある家庭は、学習塾に通わせることも、家庭教師を雇うこともできないのです。それらの子どもを放置している姿勢は、断じて許せません。教師は、その子どもたちに何かをしてやるために「一番しやすい立場」にいるのですから。

　これらの思いを教師にぶつけると、彼らの返事は次の二つに大きく分けられます。
①時間がない（学校の仕事で手いっぱい）
②特定の子どもだけに時間を割くと、ほかの生徒との公平さに欠け、その点を子どもたちからも、親たちからも非難される。
（中略）

　教師の器が小さくなったようにも思います。（中略）子どもの悪さや非行を理解できる教師が少なくなりましたし、それらの子どもに付き合える教師が少なくなりました。ひらたく言えば、「優等生教師」が多くなったということでしょうか。（前掲書、二〇九〜二一四ページ）

教育に「余白」と「陋規《ろうき》」を取り戻す

「今の教育は、子どもたちに冷たくなっていないか。子どもと付き合える教師が少なくなっていないか」

これは四〇年以上前、校内暴力などの学校教育の荒廃が叫ばれたなかで語られた工藤定次さんの言葉であるが、現代にも十分に通用するリアリティーがある。

いや、コロナ禍を経験し、貧困、外国ルーツ、ひとり親などの増加によって、家庭の経済格差が教育格差を広げるなか、不登校や低学力などによって学校教育からこぼれ落ちる子どもたちが増えている今だからこそ、肝に銘じるべき言葉かもしれない。

「困った生徒」の集まる学校では、これまで述べてきたように「外の力を借りる」ことや「学校内のルールを変える」こと、そして、大前提として「一クラスの人数を減じる」ことさえできれば、学校からドロップアウトする生徒を確実に減少させられる。ただし、それを効果的に機能させるためには、どうしても現場で直接教育に携わる教員の「心構え」が問われる。すなわち、子どもを見る目が冷たくなっていないか、どこまで子どもと付き合えるのか、ということである。

「困った生徒」の物語の幕を下ろす前に、これからの学校教育や教員に求められる「困った生徒」とのかかわり方について考えてみたい。

「余白」を取り戻す

こんな言葉に出合った。

――「自分を創る」ためには、あれやこれやの余計な付加価値をつけない「すっぴんの学び」が一番大切です。それぞれの能力に応じた学びがそれぞれの自分を創るのです。

これは、沖縄県南城市にあるフリースクール・高等専修学校「珊瑚舎スコーレ」（掲げる学校観は、人は「自分を創る」生きもの。それを手助けするのが学校）に設置された夜間中学校で、ボランティアとして教えている高齢教師の言葉である。

教育に「余白」がなくなっていないか。天から次々と舞い降りてくる施策やキーワードの付加価値を押し付けられ、目の前にいる困難を抱えた生徒にかかわるための「余白」が埋め尽くされていないか、教員一人ひとりの工夫や思いを描く「余白」が塗りつぶされていないか、それが心配である。

そうした「余白」のなさによって、子どもと同じように、教員も学校のなかで追い詰められているのかもしれない。そして、最近の「働き方改革」も、見方によっては少ない「余白」をさらに圧縮することにつながっている。

もちろん、多忙な教員の働き方や待遇の改善は急務である。しかし、教育の付加価値が膨らむ一方で勤務時間の縮減だけにスポットを当ててしまうと、余計なことに時間をかけたくない、不要なトラブルは避けたいという思いから、困り感のある子どもとのコミュニケーションや、子どもたちについて語り合う教員同士の時間までもが削られてしまう。

多忙な教員の働き方改革の本丸は、今やるべきことの優先順位をつけ、学校ごとに異なる生徒の実態をふまえ、その生徒が「自分を創る」ために真に必要なものを厳選し、学校ごとに教育の「余白」を担保することである。その「余白」が、その学校で働く教員の自己肯定感や意欲を高める安全地帯となる。

「陋規《ろうき》」を取り戻す

こんな言葉に出合った。

――「清規《せいき》」と「陋規《ろうき》」

道徳には、表の道徳と裏の道徳があるという。「清規」は表向きの道徳である。ものを盗んではいけない、ケンカをしてはいけない、規則やルール守る、などである。この言葉と対をなす「陋規」は裏の道徳である。鼠小僧のように貧しい人からは盗まない、ケンカは素手でやる、一対一でやる、自分より強いものとやる、弱い人や困った人のためには決まり事を曲げることもある、などとなる。

元号「平成」の発案者である教育者で思想家の安岡正篤（一八九八～一九八三）は、「清規」という上層建築は修繕可能だが、「陋規」という土台が崩れてしまってはどうにもならないと警鐘を鳴らした。そして、このような道徳の二重構造があるからこそ、「日本人は礼儀正しく、世界一安全な国」と称賛されてきた、と述べている。

　昨今、大きな社会問題となっている闇バイトや特殊詐欺などといった犯罪の多くが「陋規」を逸脱している。社会全体の法令順守が叫ばれ、いつのころからか「陋規」を表現することが憚れるようになってきた。たとえば、教師が「ケンカは素手でやれ！　一対一でやれ！」などと言えば、ケンカや暴力を肯定するのかと言われかねない。社会や学校から「陋規」が居場所を追われている。

「清規」が大切なことは言うまでもない。しかし、世の中が建前やきれい事ばかりでないことは子どもでも知っている。ましてや、発達障がいや精神障がい、愛着障がいやトラウマなどを抱えて、毎日をギリギリの大ピンチのなかで生きている「困った生徒」には、「清規」一辺倒の世界は生きづらく、そこに自分の居場所を見つけることはできない。

　問題を起こした「困った生徒」を厳しく指導することは大切だ。しかし、そのときに「清規」にだけ目を向けるのではなく、「陋規」を外していないか、その点を見極める眼力も必要ではないだろうか。

ひと昔前の学校では、事の善悪よりも、卑怯かどうかを厳しく問い詰めていたような気がする。たとえ悪さをした生徒でも、友達をかばったり、卑怯でなかったことを褒めてあげることも大切ではないだろうか。そのひと言で、報われる生徒が必ずいる。

今、コロナ禍の影響もあって、不登校や生きづらさを抱えた「困った生徒」が増えている。これからの学校には、規則やルールどおりにできない、人と同じようにできない生徒を温かく包み込む「陋規《ろうき》」の発想、すなわち規則やルールの二重構造や個別構造をもたせる必要があるように思える。今風の言葉に換えれば、「合理的配慮」と呼ぶこともできるだろう。

「清規」のなかで優等生であった真面目な教員たちが、「怠惰だ」とか「ずるい」とは思わずに「困った生徒」と付き合うためには、これからの教育に沿う「陋規」を取り戻す必要があるのかもしれない。そのためにも、まずは議論の消えた学校に、生徒のことを忌憚なく語り合える場を取り戻すことからはじめて欲しい。

結びとして、前掲した『さらば寂しすぎる教育』の「あとがき」にある工藤姫子さんの言葉を紹介したい。

――「おまえはこれしかできない」

「これはおまえしかできない」

同じ「ひらがな」です。並び替えただけですが、言葉のもつ意味の違いをみなさんもご理解いただけるでしょう。私たち大人は、どのような言葉で子どもたちと向き合えばいいのか。
（中略）
教育も福祉も、机上では語れません。タメが言っていたように、対象となる人といかに「付き合い切れるか」、このひと言に尽きます。

タメとは、夫であった工藤定次さんのニックネームである。

義理と人情に生きた工藤定次さんや寅次郎社長の時代に戻ることはないだろう。それでも、現在の学校にもナミコ先生、マミ先生、ヒロヨ先生のような、とことん面倒見のよい教師がいる。この物語に登場してもらった「困った生徒」の多くが、学校からドロップアウトしている。それでも、三〇年、四〇年という時の流れで見てみると、社会からドロップアウトすることなく見事に生き抜いている。

社会につながるものとそうでないものの違いはいったい何なのか。それは、頭の良し悪しではなく、たまたま出会った仲間や大人とのつながりの良し悪しとしか言いようがない。

架空の物語とはいえ、その素材となった一人ひとりの過酷な人生や生きざまを見せてくれた「困った生徒」のみなさんに、この場を借りて心より感謝申し上げる。もしも、私が同じ立場や境遇に置かれていたら、今のように社会につながることはできなかったかもしれない。とても、自分の努力だけで何とかできる問題とは思えない。ただ運がよかっただけであったと、みなさんと付き合ったことで教えてもらった。

「困った生徒」のみなさん、本当にありがとう。そして、あなたにしかできないことで、これからもしっかりと、この「世知辛い社会」を生き抜いていただきたい。

あとがき

時代が変わり、「人気が一番上がったのはスポーツ選手で、人気が一番下がったのが教師だろう」と、オリンピアンの元大学教授がつぶやいた。確かに、と思ってしまうところもあるが、それでも「教師は最高の仕事」である。

「やっぱり教員をやってきてよかった」

これが、本書を書き上げた今の素直な気持ちである。きっと、「困った生徒」との絆がそう言わせているのかもしれない。

前著の『さらば学力神話』に続き、今回も書籍化の機会を与えてくれた株式会社新評論の武市一幸さんにはこの場を借りて深く感謝申し上げる。

「打ち合わせ」と称した呑み会の席で武市さんが教えてくれた「ゆがんだフラスコ」が、私の脳裏から離れなくなった（「まえがき」参照）。これが、私たち二人が描く今の日本社会に対する共通イメージである。このゆがんだ「器」を何とかしたい！　それが、執筆における強いモチベーションとなった。

今回、私の思い付きによる身勝手なお願いにもかかわらず、快く原稿や挿絵を引き受けてくれた小森奈美子先生、高橋麻実先生、滝本浩世先生、さらに外部支援者の声として原稿を寄せてくれた梶野光信さん、三好布生加さん、斎藤晴子さん、井村良英さん、戸高礼司さん、飯田久美子さんにも、この場をお借りして心より御礼を申し上げる。

そして、「困った生徒」とのかかわりで一番被害を被ったのは、何を隠そう我が家を守っていた妻である。その妻に、心より「ありがとう！」と感謝を伝えたい。それにしても、私の妻が「困った生徒」と同じ私の教え子でなかったら、ここまでの辛抱はできなかったかもしれない。きっと、「困った旦那」と罵られ、家庭からドロップアウトしていたことだろう。それを思うと、今さらながら猛省の思いである。

何よりも、「困った生徒」のみなさんがいたからこそ本書を書き上げることができた。「困った生徒」ではなく、「困っていた生徒」であったみなさんの未来に、「幸」が多いことを祈るのみである。そして、心から叫びたい。

「ありがとう！」、「ああ面白かった」と。

磯村元信

執筆者紹介

磯村元信（いそむら・もとのぶ）
奥付参照。

小森奈美子（こもり・なみこ）
第２章担当。私立東海大学菅生高等学校に新卒赴任後、2004年度入都。新規採用として東京都立秋留台高等学校に着任、15年間勤務。生活指導部主任として勤務するなか、生徒が去る度に自身の無力さを感じた。どんな生徒でも「素直になれた後には必ず変わる」ことを彼等から教えられ、信念とする。現在、東京都立東大和南高等学校副校長。

高橋麻実（たかはし・まみ）
第３章担当。1961年生まれ。私立豊島岡女子学園高等学校卒業。多摩美術大学大学院卒業。1987年入都。2007年より都立八王子桑志高等学校勤務、現在再任用。

滝本浩世（たきもと・ひろよ）
第５章担当。都立学校教職員。特別支援学校→普通高校→特別支援学校→普通高校という経歴をもつ。初任で勤務した特別支援学校での経験から、目の前に在る生徒と対峙し、尊厳をもって付き合っていくことを教育の信念としている。四男の母であり、子育てに奮闘中。

【外部支援者】

梶野光信（かじの・みつのぶ）教育庁地域教育支援部主任社会教育主事
東京都独自の教育と福祉を統合したユース・ソーシャルワーカー（YSW）による自立支援チーム派遣事業を制度化した仕掛け人である。

三好布生加（みよし・ふみか）スクールカウンセラー
西多摩地域の高校を中心にスクールカウンセラーを歴任、生徒の困り感の元凶ともなるトラウマからのリカバリーに取り組んでいる。

斎藤晴子（さいとう・せいこ）ユース・ソーシャルワーカー
元都立高校教員の経験を生かしてユース・ソーシャルワーカーとして、学校における外部支援の効果的な在り方を模索している。

井村良英（いむら・よしひで）認定NPO法人「育て上げネット」執行役員
不登校やひきこもり、非行少年等の若者の自立支援歴25年。こども家庭庁子供・若者支援地域ネットワーク強化推進事業アドバイザー。東京都子供・若者支援協議会委員。７校の都立高校で学校運営協議会委員や生徒支援アドバイザー等を務めている。

戸高礼司（とだか・れいじ）星槎国際・秋川高等学院サポート校代表
不登校支援のサポート校を立ち上げ、地域と連携して最困難な不登校生徒の支援を模索している。

飯田久美子（いいだ・くみこ）キャリア・サポーター
自身の就労体験にもとづく視点で高校生の就労支援を精力的に展開、都立高校において放課後就活部などの取組を実践している。

編著者紹介

磯村元信（いそむら・もとのぶ）

1957年生まれ。1979年筑波大学卒業。

2008年度から2018年度まで東京都立秋留台高等学校校長11年在任。「学び直し」の高校というコンセプトに行き詰っていた秋留台高校を「若手教員のボトムアップ」という現場主導の改革手法でリニューアルして退学者を半減させる。

2019年度から2021年度まで東京都立八王子拓真高等学校校長３年在任。「不登校」チャレンジ枠の昼夜間３部制定時制の制度を生かし「高校の最後の砦」として「生徒をとことん面倒見る」学校経営を推進して退学者を半減させる。この活動が広く評価されて、ＮＨＫクローズアップ現代「さらば！　高校ドロップアウト～“負の連鎖”を断ち切るために～」、ＮＨＫ ＥＴＶ特集「さらば！ドロップアウト　高校改革１年の記録」などで紹介された。

2023年度より、ぼうず教育実践研究所代表。

著書として『さらば学力神話』（新評論、2023年）がある。

「困った生徒」の物語

――リアルな教育現場をのぞく――

（検印廃止）

2024年３月25日　初版第１刷発行

編著者　磯村元信

発行者　武市一幸

発行所　株式会社 新評論

〒169-0051 東京都新宿区西早稲田 3-16-28

電話 03(3202)7391

振替・00160-1-113487

落丁・乱丁はお取り替えします。

定価はカバーに表示してあります。

http://www.shinhyoron.co.jp

印刷　フォレスト

製本　中永製本所

装丁　山田英春

ISBN978-4-7948-1260-5